Konzepte der
Humanwissenschaften

D. W. Winnicott
Babys und ihre Mütter

Klett-Cotta

Verlagsgemeinschaft Ernst Klett Verlag –
J. G. Cotta'sche Buchhandlung
Aus dem Englischen übersetzt von Ulrike Stopfel
Die Originalausgabe erschien unter dem Titel
»Babies and their mothers«
im Verlag Addison-Wesley Publishing Company, Inc., Wokingham, Berks.
© 1987 The Winnicott Trust
by arrangement with Mark Paterson
© für die deutsche Ausgabe
Ernst Klett Verlag für Wissen und Bildung GmbH, Stuttgart 1990
Fotomechanische Wiedergabe
nur mit Genehmigung des Verlages
Printed in Germany
Umschlag: Klett-Cotta-Design
Im Filmsatz gesetzt aus der Century
von Hans Janß, Pfungstadt
Auf säurefreiem und holzfreiem Werkdruckpapier
im Offset gedruckt und gebunden
von Hieronymus Mühlberger GmbH, Gersthofen

CIP-Titelaufnahme der Deutschen Bibliothek

Winnicott, Donald W.:
Babys und ihre Mütter / D. W. Winnicott. [Aus d. Engl. übers.
von Ulrike Stopfel]. – Stuttgart : Klett-Cotta, 1990
(Konzepte der Humanwissenschaften)
Einheitssacht.: Babies and their mothers <dt.>
ISBN 3-608-95647-6

Inhalt

Einleitung

Ich kann mich noch gut erinnern, wie fasziniert ich war, als ich in den dreißiger Jahren als junger Kinderarzt in New York Winnicotts erstes Buch, *Disorders of Childhood*, entdeckte. Hier sprach ein kluger Londoner Analytiker, der als Kinderarzt begonnen hatte und deshalb zu ganz eigenen Anschauungen von der Mutter-Kind-Beziehung gelangt war. Ich war damals unsicher und etwas ratlos. Als Assistent in der Pädiatrie hatte ich mir irgendwo – mit Sicherheit nicht bei meinen Lehrern oder Kollegen – den Gedanken zu eigen gemacht, daß ich noch eine psychologische Zusatzausbildung absolvieren sollte, um meine kinderärztliche Tätigkeit zur Zufriedenheit der Mütter ausüben zu können und um sicherzugehen, daß meine Empfehlungen Hand und Fuß hatten. (Ich war über die Maßen gewissenhaft und hatte etwas von einem Lehrer an mir.) Vielleicht war mir dieser Gedanke deshalb gekommen, weil ich spürte, daß man Kinder auf eine erfreulichere Weise großziehen konnte, als meine tyrannische Mutter dies getan hatte. Obwohl sie Kinder liebte und ihr Leben uneingeschränkt ihren sechs Kindern widmete, erdrückte sie uns alle mit ihrer unerbittlichen viktorianischen Moral und sorgte so dafür, daß wir uns noch als Erwachsene schuldig fühlten, bis unsere Unschuld erwiesen war.

Ich hatte an drei Professoren der Pädiatrie geschrieben und mich nach einer psychologischen Zusatzausbildung für Kinderärzte erkundigt, aber alle drei antworteten mir, so etwas gebe es nicht. So tat ich, was für einen Mediziner üblich war – ich bemühte mich um eine psychiatrische Assistenz an der *Cornell Medical School* des *New York Hospital* (eine Tätigkeit als Assistent an einem Institut für Entwicklungspsychologie hätte sich wohl eher empfohlen) und hatte es ein Jahr lang vorwiegend mit schizophrenen und manisch-depressiven Erwachsenen zu tun. Das einzige brauchbare Ergebnis dieser Zeit war die Erkenntnis, daß es die Beiträge gerade der psychoanalytisch geschulten Mitarbeiter waren, die unsere Fallbesprechungen interessant machten. So beschloß ich, mir diese Zusatzausbildung parallel zum Einstieg in die praktische Kinderheilkunde zu verschaffen: eine persönliche Analyse, fünf Jahre lang Abendkurse und die Analyse eines Patienten unter Supervision.(Wie Winnicott wäre ich möglicherweise in die psychoanalytische Praxis umgestiegen, wenn es mir gelungen wäre, meinen Patienten zu einem glücklichen Menschen zu machen. Ich lernte eine Menge, aber dem Patienten konnte ich nicht helfen.)

Die psychoanalytische Ausbildung lieferte mir ein solides theoretisches Fundament, aber sie war mir keine praktische Hilfe im Umgang mit Müttern, die sich Sorgen machten, weil ihre Kinder am Daumen lutschten, sich der Entwöhnung oder der Sauberkeitserziehung widersetzten, Eß- oder Schlafschwierigkeiten hatten. Noch immer unsicher und ein wenig unbeholfen, riet ich zu dem, was mir am besten erschien, und hörte mir dann aufmerksam an, was die Mütter beim nächsten – und beim übernächsten – Besuch berichteten.

Ich war fünf Jahre lang praktisch tätig gewesen, als ein Verleger bei mir anfragte, ob ich nicht ein Buch für Eltern schreiben wolle. Ohne zu zögern, antwortete ich, daß ich dafür nicht genug wisse. Wiederum fünf Jahre später kam ein humorig veranlagter Mitarbeiter von *Pocket Books* zu mir und sagte, das Buch, das sie herausgeben wollten, müsse gar nicht besonders gut sein, denn bei einem Ladenpreis von 25 Cents könnten sie auf jeden Fall Zehntausende von Exemplaren verkaufen. Damit war mein Wohltätigkeitsdrang ebenso angesprochen wie mein Bestreben, nur ja nicht als Alleswisser aufzutreten, und so machte ich mich an die Arbeit. Daß der Verlag sich gerade an mich gewandt hatte, lag nicht etwa daran, daß ich so bekannt gewesen wäre – ich war gänzlich unbekannt, wenn man von einer kleinen Zahl psychologisch interessierter Mütter absieht. Der Verlag trat an mich heran, weil seine Erkundigungen ergeben hatten, daß ich der einzige Kinderarzt mit einer psychiatrischen und psychoanalytischen Zusatzausbildung war.

Auch wenn es in Winnicotts Büchern und Aufsätzen eher um Fragen der Deutung und Bedeutung ging als darum, den Müttern handfeste Antworten zu liefern, fanden sie doch durchaus mein Interesse und meine Zustimmung. Sein psychoanalytisches Wissen und seine analytische Arbeit mit Erwachsenen, Kindern und Borderline-Patienten eröffneten ihm neue und tiefere Einblicke in die subtilen Aspekte der Mutter-Kind-Beziehung und der Phasen, die diese Beziehung in jedem einzelnen Fall durchläuft. Aufgrund dieser ganz besonderen Befähigung wurde er zu einem führenden Vertreter der britischen psychoanalytischen Bewegung, und die meisten seiner Veröffentlichungen kreisten um ebendieses Thema. Mir hat er geholfen, die Kluft zwischen Pädiatrie und Entwicklungspsychologie zu überbrücken.

Das vorliegende Buch enthält Vorträge, die Winnicott nicht vor Psychoanalytikern, sondern vor Kinderärzten, Allgemeinärzten, Schwestern, Hebammen, Lehrern an Krankenpflegeschulen und Eltern nicht nur in England, sondern auch auf internationalen Tagungen gehalten hat. Schon an wenigen Beispielen ist zu sehen, worauf es ihm ankam.

Im Beitrag »Die hinreichend fürsorgliche Mutter« äußert er die (auch in anderen Vorträgen zutage tretende) feste Überzeugung, daß eine Mutter intuitiv weiß, was ihr kleines Kind fühlt und braucht, und daß diese fraglose Intuition das Fundament darstellt, von dem aus das Kind Vertrauen ausbilden und von dem aus seine immer komplexere Entwicklung ihren Gang nehmen kann.

Die Mutter erwirbt dieses intuitive Wissen in erster Linie über ihre außergewöhnliche Fähigkeit, sich mit dem Baby zu identifizieren. Und das Kind wiederum wird von der Identifizierung mit der Mutter getragen. Zunächst nimmt das Kind an, es und die Mutter seien ein und dasselbe. Allmählich erspürt und

9

behauptet es dann seine Autonomie. Die frühe Beziehung zwischen Mutter und Kind darf von niemandem gestört werden, der von psychodynamischen Zusammenhängen nichts weiß – nicht von Ärzten, nicht von Schwestern oder privat angestellten Säuglingspflegerinnen, denn diese Außenstehenden könnten das Selbstvertrauen der Mutter und, in einem zweiten Schritt, die Integrität des Kindes untergraben.

In einer Rundfunksendung für Mütter – auf deren Seite er sich *immer* ganz eindeutig stellt – kommt Winnicott einmal mehr auf den sehr großen Unterschied zu sprechen, den er zwischen *Wissen* und *Lernen* sieht. Eine Mutter weiß oder kommt intuitiv rasch dahinter, wie sie ihr kleines Kind halten und behandeln muß, damit das Kind und sie sich wohl und sicher fühlen. Oder, um noch ein anderes Beispiel zu nennen: Wenn ein älteres Kind sich weh getan hat, der Mutter auf den Schoß klettert und wie ein Baby jämmerlich weint, dann braucht die Mutter nicht weiter zu fragen – sie weiß, daß dieses Kind jetzt zehn Minuten lang wieder ein Baby sein muß und dann in sein eigentliches Alter zurückkehren wird.

Von einem Arzt zu lernen, welche Vitamine das Kind in welcher Menge braucht, ist etwas ganz anderes. Winnicott sagt es unmißverständlich: Laßt es nicht zu, daß euch die Experten, wenn sie euch Informationen als Lernstoff liefern, das Vertrauen in euer natürliches Wissen rauben.

In »Stillen als Kommunikation« distanziert sich Winnicott von denjenigen, die eine Mutter dazu *bringen* möchten, ihr Kind zu stillen. (Ich teile seine Einstellung.) Das Äußerste, was Ärzte und Schwestern tun können, ist nach seinen Worten, daß sie eine Atmosphäre schaffen, in der die Mutter sich ihrer selbst sicher sein, sich also auf ihre intuitiven Reaktionen verlassen kann. Allerdings spricht Winnicott in empfehlendem Ton von den Geschmacks-, Geruchs- und anderen Sinneseindrücken, die für das Kind mit dem Stillen verbunden sind, und von dem Erfolgserlebnis, das es für die Mutter darstellt. Anschließend kommt er auf einen umstrittenen Aspekt des Stillens zu sprechen: auf den gelegentlichen Impuls des älteren Säuglings, in die Brustwarze zu beißen – einen Impuls, den das Kind selbst zu unterdrücken lernt und dem sich die Mutter, ohne Rachegefühle zu entwickeln, entziehen kann, indem sie sich ganz einfach in acht nimmt. In gewisser Weise hat das Kind damit – über seine Aggressivität – eine neue Dimension der Liebe kennengelernt; es hat gelernt, daß ein von ihm geschätztes Objekt wie die Brust seinen feindseligen Impulsen zum Trotz überleben kann. Es sind solche aus der analytischen Arbeit mit Erwachsenen und Kindern gewonnenen Erkenntnisse, die uns die Komplexität der emotionalen Entwicklung deutlich machen.

In »Der Beitrag der Psychoanalyse zur Geburtshilfe« verweist Winnicott auf die vielen Störungen im genitalen Funktionskreis der Frau, in Menstruation und Schwangerschaft, die zumindest teilweise auf emotionale Faktoren zurückzuführen sind, und lobt die Hebammen, die sich zunehmend dieser Faktoren bewußt seien. Er macht insbesondere darauf aufmerksam, daß eine in den Wehen liegende Frau ihre Selbstkontrolle nicht einfach einer entsprechend ausgebildeten anderen Person übertragen kann, wenn sie diese Person nicht in der perinatalen Periode kennen- und ihr zu vertrauen gelernt hat.

Während der Wehen und auch danach hat die Patientin ein höchst feines Gespür dafür, ob die Hebamme, die Schwester oder Säuglingsschwester eine allzu dominierende Haltung einnimmt, was oft eine Folge davon ist, daß ihre eigene Mutter ein kritischer Fall war. Eingedenk dieser Zusammenhänge richtet Winnicott die Bitte an die Beteiligten, sich nicht etwa das Recht anmaßen zu wollen, über das Stillen zu bestimmen, sondern diese Dinge dem intuitiven Verständnis der Mutter zu überlassen.

In seinem Vortrag mit dem Titel »Kommunikation zwischen Baby und Mutter und zwischen Mutter und Baby« spricht Winnicott zunächst von der totalen Abhängigkeit des Neugeborenen und bringt diese in einen Zusammenhang mit dem ganz außergewöhnlichen und totalen Engagement der frischgebackenen Mutter für das Kind. Dieses Engagement ist so intensiv, daß es die Mutter manchmal in den erschreckenden Gedanken hineintreibt, sie sei zu einer Art Futterpflanze geworden, aber es besteht nur einige Wochen lang. Es ermöglicht der Mutter vom ersten Augenblick an eine tiefreichende und entscheidende Identifizierung mit dem Kind. Aber sie ist auf diese Phase auch vorbereitet worden: Sie ist selbst einmal ein Baby gewesen, sie hat »Mutter und Kind« gespielt, und sie ist in Zeiten der Krankheit ins Säuglingsalter regrediert. Für das Baby ist dagegen alles neu; es erkennt weder Wort noch Zeit. Es ist vorbereitet, ein Mensch zu werden, aber es muß sich dazu auf eine »hinreichend fürsorgliche Mutter« verlassen können. Die Mutter kommuniziert mit Hilfe der Modulationen ihrer Stimme (auf die Worte kommt es nicht an), indem sie das Kind hält, mit ihm umgeht, es wiegt. Sie kommuniziert selbst mit ihrem Atem und ihrem Herzschlag und damit, daß sie die täglichen und allmählich sich wandelnden Bedürfnisse des Kindes erfüllt.

All das summiert sich schließlich zu Verläßlichkeit und Liebe. Aber – wie Winnicott sagt – auch der beste Mensch ist fehlbar, und zwar immer wieder. Man könnte sagen, daß das kleine Kind auf diese Weise allmählich erkennt, daß es so etwas wie Verläßlichkeit gibt – dadurch, daß sie gelegentlich nicht vorhanden ist. Andererseits läßt jede Mutter es sich angelegen sein, ihr Versäumnis sogleich wiedergutzumachen, und das summiert sich für die Mutter und das Kind zu Anpassung und Gedeihen. (Versäumnisse, die nicht wiedergutgemacht werden, stellen ernsthafte Deprivationen dar und verzerren den Gang der Entwicklung.) Mutter und Baby kommunizieren auch auf der gemeinsamen Ebene ihrer Freude am Spiel und äußerst wirksam durch den Gesichtsausdruck der Mutter und durch die intuitive Art, in der die Mutter dem Baby ebendas gibt, was es will und braucht – eine andere Körperlage, die Brust, die Flasche – , woraus das Kind ein Gefühl von Kontrolle, von Allmacht und Kreativität bezieht.

Was die Kommunikation des Neugeborenen mit der Mutter

angeht, so hebt Winnicott die höchst eindrucksvolle und unübersehbare Hilflosigkeit des Babys hervor, die es der Mutter ganz und gar unmöglich macht zu widerstehen.

Schließlich möchte ich noch auf ein Merkmal verweisen, das *mir* an Winnicotts Schriften besonders gefällt: auf die überraschenden Kontraste in seiner Sprache. Sie ist zumeist getragen, sehr überlegt und analytisch. Dann wieder schaut Winnicott sozusagen »dem Volk aufs Maul« und es stehen da Sätze wie: »Ein Kind besteht aus mehr als Fleisch und Knochen.« »Es kommt ihr so vor, als stopfte sie dem Kind die Brust in den Mund . . .« Oder: »Dann stellen sie (die Mütter) eines Tages fest, daß sie ein neues Wesen aufgenommen haben, das sich entschlossen hat, sich bei ihnen einzumieten.« Oder: »Zum Teufel mit dir, du kleiner Scheißkerl!«

Benjamin Spock

Vorwort der Herausgeber

In den Jahren nach Donald Winnicotts Tod im Jahr 1971 wurde beschlossen, seine nachgelassenen unveröffentlichten Schriften zusammen mit denjenigen, die bisher nur in Zeitschriften und Anthologien erschienen waren, gesammelt unter seinem Namen herauszugeben. Die hier zusammengestellten Texte kreisen um ein spezifisches Thema: um die Prozesse, die in der Psyche des Säuglings zum Zeitpunkt seiner Geburt und wenig später ablaufen – also zu einer Zeit, da »das Kind und die Mutter im rudimentären Geist des Kindes noch nicht voneinander geschieden sind«, und sie gehen den Folgerungen nach, die sich daraus für diejenigen ergeben, die mit der Betreuung von Neugeborenen und deren Müttern befaßt sind.

Wir hoffen vor allem, daß die Angehörigen dieses Berufsfeldes das vorliegende Buch mit Freude und Gewinn lesen werden und daß es auf eine neue Generation von Lesern trifft, die sich Winnicotts Talent zunutze machen können, im Vorübergehenden das Bleibende zu erkennen.

London, 1986

Ray Shepherd
Madeleine Davis

1 Die hinreichend fürsorgliche Mutter
(1966)

Was läßt sich noch Neues über ein vielbesprochenes Thema sagen? Mein Name ist mit diesem Begriff verbunden, und vielleicht sollte ich zunächst einmal diesen Umstand erklären. Im Sommer 1949, als ich mit der BBC-Regisseurin Isa Benzie – sie ist inzwischen im Ruhestand, und ich erinnere mich gern an sie – etwas trinken ging, sagte sie mir unterwegs, ich könne neun Vorträge über ein Thema meiner Wahl halten. Sie war natürlich auf der Suche nach einem griffigen Titel, aber das wußte ich nicht. Ich sagte, ich sei keineswegs daran interessiert, den Hörern zu sagen, was sie tun sollten. Das wisse ich, ehrlich gesagt, auch nicht. Ich würde aber gern zu Müttern sprechen, nämlich über das, was sie gut machen, und zwar schlicht deshalb gut machen, weil jede Mutter die anstehende Aufgabe – die Pflege und Betreuung eines Säuglings, vielleicht auch von Zwillingen – fürsorglich versieht. Ich fügte hinzu, daß dies normalerweise eben einfach geschehe, und daß es die Ausnahme sei, wenn ein Baby ohne diese von Anfang an als selbstverständlich gegebene Fürsorge einer darauf spezialisierten Person auskommen muß. Wir waren noch keine zwanzig Meter weitergegangen, als Isa Benzie ihr Stichwort gefunden hatte: »Ja! Prima! ›Die hinreichend fürsorgliche Mutter‹!« rief sie. Das Problem war gelöst.

Sie können sich vorstellen, daß ich im Zusammenhang mit diesem Begriff einiges zu hören bekommen habe: Viele Leute unterstellen mir, ich sei, was Mütter angeht, sentimental, ich idealisierte die Mütter und ließe die Väter außer acht, und ich vermöge nicht einzusehen, daß manche Mütter eigentlich schrecklich, ja sogar schlicht unmöglich sind. Da ich mich aber der Assoziationen nicht schäme, die mit diesem Begriff verbunden sind, muß ich eben mit diesen kleinen Unannehmlichkeiten leben.

Auf Kritik bin ich auch wegen meiner Äußerung gestoßen, daß ein Versagen der Mutter in bezug auf das Erfordernis der hinreichenden Fürsorge zu den Faktoren zähle, die in der Ätiologie des Autismus eine Rolle spielen. Es wird als eine Anklage empfunden, wenn man den Gedanken weiterspinnt und die Folgen bedenkt, die sich aus diesem Versagen der Mutter ergeben. Aber ist es denn nicht ganz logisch, daß, wenn diese Sache, die wir als Fürsorglichkeit bezeichnen, wirklich wichtig ist, ihr völliges oder relatives Fehlen nachteilige Konsequenzen haben muß? Ich werde auf diese Überlegung zurückkommen, wenn ich mich näher mit der Bedeutung des Wortes *Schuld* befasse.

Ich stelle fest, daß ich es nicht vermeiden kann, Dinge zu sagen, die auf der Hand liegen. Es ist eine Platitüde, wenn ich versichere, daß ich unter »fürsorglich« ganz einfach »fürsorglich« verstehe. Nehmen wir an, Sie haben die Aufgabe, am Wochenende in Ihrer Kirche für den Blumenschmuck auf dem Altar zu sorgen. Wenn Sie diese Aufgabe übernehmen, dann vergessen Sie sie doch nicht. Sie sorgen am Freitag selbstverständlich dafür, daß die Blumen da sind und arrangiert werden; und wenn Sie Grippe haben, dann telefonieren Sie herum oder geben dem Milchmann einen Zettel für irgend jemanden mit, auch wenn Sie es eigentlich nicht gern sehen, daß jemand anders diese Aufgabe gut ausführt. Es kommt einfach nicht vor, daß sich die Gemeinde am Sonntag versammelt und der Altar nicht geschmückt ist oder verwelkte Blumen in schmutzigen Vasen den geheiligten Ort eher verunzieren als schmücken. Und trotzdem kann man, wie ich hoffe, doch wohl nicht sagen, daß Sie sich wegen der Blumen von Montag bis Donnerstag schier verrückt machen. Die Sache schläft ganz einfach im Hinterstübchen Ihres Geistes, und am Freitag oder vielleicht auch am Samstag wacht sie auf und macht sich bei Ihnen bemerkbar.

Genausowenig machen Frauen einen ständigen Wirbel um den Gedanken, daß sie jetzt eigentlich ein Baby versorgen sollten. Sie spielen Golf, sie haben einen Beruf, in dem sie aufgehen, sie zeigen alle möglichen »männlichen« Verhaltensweisen – etwa

16

indem sie sich verantwortungslos geben, alles als selbstverständlich nehmen oder Autorennen fahren. Und zwar von Montag bis Freitag, um bei unserem Bild von den Altarblumen zu bleiben.

Dann stellen sie eines Tages fest, daß sie ein neues menschliches Wesen aufgenommen haben, das beschlossen hat, sich hier einzumieten, und das wie die von Robert Morley verkörperte Figur in *The Man Who Came to Dinner* ein wahres Crescendo von Forderungen geltend macht, bis eines sehr fernen Tages wieder Ruhe und Frieden herrschen und sie, diese Frauen, sich und ihre eigenen Ansprüche wieder unmittelbar äußern dürfen und können. An diesem verlängerten Wochenende von Freitag bis Sonntag aber befanden sie sich in einer Phase der Selbstentäußerung durch Identifizierung mit dem, was, wenn alles gutgeht, zu einem Baby wird, Autonomie erwirbt und schließlich die Hand beißt, die es fütterte.

Da sind nun diese segensreichen neun Monate, in denen die Frau Zeit hat, allmählich von der einen Art der Selbstsucht zur anderen überzuwechseln. Bei den Vätern kann man die gleiche Beobachtung machen; ebenso übrigens auch bei Leuten, die ein Kind zu adoptieren beschließen – in denen dieser Gedanke der Adoption allmählich reift, die sich immer weiter in diesen Gedanken hineinsteigern und die schließlich an den Punkt kommen, an dem das Baby Tatsache werden muß – unglücklicherweise kann es vorkommen, daß dieser Fall in diesem Zeitpunkt gerade *nicht* eintritt und sie sich später, wenn das Baby tatsächlich gefunden wird, schon nicht mehr so sicher sind, ob sie überhaupt eines wollen.

Ich möchte betonen, daß diese Periode der Vorbereitung wichtig ist. Als Medizinstudent hatte ich einen Freund, der ein Dichter war. Wie ich und einige andere Kommilitonen bewohnte er eine sehr schöne Studentenbude in den Slums von North Kensington. Und so waren wir an die Zimmer gekommen:

Mein Freund, der Dichter, der sehr groß und träge war und ständig rauchte, ging eine Straße hinunter, bis sein Blick auf ein

Haus fiel, das freundlich aussah. Er läutete, und es öffnete ihm eine Frau, deren Gesichtsausdruck ihm gefiel. Also sagte er: »Ich würde gerne hier wohnen.« Die Frau antwortete: »Ich habe ein Zimmer frei. Wann gedachten Sie denn zu kommen?« Mein Freund sagte: »Ich bin ja schon da«, trat ins Haus, ließ sich das Zimmer zeigen und sagte dann: »Übrigens bin ich krank und möchte mich gleich hinlegen. Wann kann ich meinen Tee bekommen?« Und er legte sich hin und blieb sechs Monate lang im Bett. Innerhalb weniger Tage waren wir alle erfreulich untergekommen, aber der Dichter blieb der Liebling der Vermieterin.

Die Natur hat es allerdings so eingerichtet, daß Babys sich ihre Mütter nicht aussuchen können. Sie tauchen einfach auf, und die Mütter haben Zeit, sich darauf einzustellen und sich zu sagen, daß für sie in den nächsten paar Monaten die Sonne nicht im Osten aufgeht, daß sie sich vielmehr am Zentrum zu orientieren haben (oder vielleicht ein klein wenig am Zentrum vorbei?).

Ich bin, wie Sie wissen, der Ansicht – und ich nehme an, daß Sie mir insoweit alle zustimmen – , daß die Frau *normalerweise* in eine Phase eintritt – eine Phase, von der sie sich *normalerweise* in den Wochen und Monaten nach der Geburt des Kindes erholt – , in der *sie* sehr weitgehend *das Kind* ist und *das Kind* sehr weitgehend *sie* ist. Daran ist nichts Geheimnisvolles. Schließlich war sie selbst ja auch einmal ein Baby, und sie trägt die Erinnerung an das Baby-Sein in sich; sie erinnert sich auch daran, umsorgt worden zu sein, und diese Erinnerungen sind ihr nun bei ihren Erfahrungen als Mutter eine Hilfe oder ein Hindernis.

Meiner Meinung nach ist die Mutter – wenn sie selbst eine angemessene Versorgung durch ihren Partner, durch den Wohlfahrtsstaat oder durch beide genießt – zu dem Zeitpunkt, wenn das Baby zur Geburt bereit ist, ihrerseits soweit vorbereitet, daß sie über die Bedürfnisse des Kindes außerordentlich gut Bescheid weiß. Sie verstehen natürlich, daß ich hier mehr meine als nur ihre Fähigkeit zu wissen, ob das Baby hungrig ist oder nicht und so weiter; ich meine die unzähligen subtileren Dinge, jene

Dinge, die nur mein Dichterfreund in die richtigen Worte zu kleiden wüßte. Was mich betrifft, so begnüge ich mich mit dem Wort *halten* und damit, dieses Wort in seiner Bedeutung so weit auszudehnen, daß es alles umfaßt, was eine Mutter während dieser Zeit ist und tut. Ich bin überzeugt, daß es eine ganz entscheidende Zeit ist, aber ich wage das kaum zu sagen, denn es wäre doch ein Jammer, ausgerechnet an diesem Punkt so etwas wie Selbstreflexion auszulösen, wo eine Frau ganz natürlich *natürlich* ist und handelt. Gerade hier kann sie aus Büchern nichts lernen. Nicht einmal »der Spock«* ist von Nutzen in einem Augenblick, in dem sie spürt, daß das Kind jetzt aufgenommen oder hingelegt, allein gelassen oder umgedreht werden möchte, oder in dem sie weiß, daß es eben jetzt auf die einfachste Erfahrung überhaupt ankommt: auf die des Kontaktes ohne Aktivität, eine Erfahrung, welche dem Gefühl des Einsseins zweier Personen Raum gibt, die in Wahrheit zwei und eben nicht eins sind. Solche Erfahrungen geben dem Kind die Möglichkeit zu sein, aus der sich dann die nächsten Erfahrungen ergeben können, die mit Aktion zu tun haben, damit, daß das Kind selbst etwas tut und mit sich geschehen läßt. Hier wird der Grund gelegt für das, was wir, beim Kind, das sich selbst erfahrende Sein nennen können.

All diese Eindrücke sind äußerst zart, aber indem sie sich immer wieder einstellen, bilden sie schließlich das Fundament der Fähigkeit des Babys, sich als real zu erfahren. Im Besitz dieser Fähigkeit kann das Kind sich der Welt stellen oder, wie ich besser sagen sollte, sich den Reifungsprozessen zuwenden, die in ihm angelegt sind.

Wenn diese Bedingungen gegeben sind – was in der Regel der Fall ist –, dann werden dem Baby allmählich Gefühle möglich, welche in einem gewissen Umfang mit jenen der Mutter korrespondieren, die sich mit ihrem Kind identifiziert oder, wie ich auch sagen könnte, die in ihrem Kind und seiner Betreuung auf-

---

* Es handelt sich um *Baby and Childcare*. London (Bodley Head) 1956. Dt.: *Säuglings- und Kinderpflege*. Neubearb. u. erw. Aufl. Berlin (Ullstein) 1986.

geht. Im Alter von drei oder vier Monaten ist das Baby möglicherweise imstande zu zeigen, daß es weiß, was es damit auf sich hat, Mutter zu sein, nämlich eine Mutter im Zustand der fürsorgenden Hinwendung zu etwas, das jedenfalls nicht sie selbst ist.

Wir müssen uns darüber im klaren sein, daß das, was zu einem frühen Zeitpunkt erstmals auftaucht, viel Zeit braucht, um sich als mehr oder weniger fester Mechanismus in den mentalen Prozessen des Kindes zu etablieren. Was nachweisbar schon einmal präsent gewesen ist, kann durchaus wieder verlorengehen, wie sich denken läßt. Hier geht es mir allerdings um den Gedanken, daß das Komplexere nur aus dem ganz Einfachen entstehen kann: Bei Gesundheit entwickeln sich Geist und Persönlichkeit allmählich, entsprechend einer stetigen Bewegung vom Einfachen zum Komplexen.

Schließlich muß das Baby die Erfahrung machen, daß die Mutter sich seinen Bedürfnissen nicht mehr so ausschließlich anpaßt – wobei auch diese Unterlassung ein allmählicher Prozeß ist, der sich nicht aus Büchern erlernen läßt. Es wäre nicht gut für ein Menschenkind, sich immer weiter als allmächtig zu erfahren, wenn doch der Apparat inzwischen vorhanden ist, der mit Frustrationen und einem relativen Versagen der Umgebung fertig werden kann. Es steckt ein gut Teil Befriedigung in Zorn und Ärger, solange diese nicht in Verzweiflung übergehen.

Wer von Ihnen selbst Kinder hat, weiß, was ich meine, wenn ich sage: Sie haben Ihr Baby zwar den fürchterlichsten Frustrationen ausgesetzt, aber Sie haben es doch niemals wirklich im Stich gelassen – das heißt, Sie haben sein Ich zuverlässig gestützt. Es ist niemals vorgekommen, daß das Baby aufwachte und schrie und niemand da war, der es hörte. Und später haben Sie nicht versucht, Ihr Kind mit Lügen abzuspeisen.

Aber natürlich bedeutet das alles nicht nur, daß es der Mutter gelungen ist, sich in dieser ausschließlichen Weise auf ihr Kind und seine Betreuung einzulassen. Es bedeutet auch, daß sie Glück gehabt hat. Ich brauche hier nicht aufzuzählen, was selbst in den bestgeordneten Familien alles passieren kann.

Dennoch möchte ich anhand von drei Beispielen auf drei Arten von Störungen verweisen. Das erste ist ein reiner Zufall – eine Mutter wird krank und stirbt und muß ihr Baby auf eine Weise im Stich lassen, deren Vorstellung ihr entsetzlich ist. Oder sie wird erneut schwanger, und zwar vor der Zeit, die ihr für eine neue Schwangerschaft geeignet erschienen wäre. Sie mag für diesen Umstand in gewissem Maße selbst verantwortlich sein, aber so einfach dürfen wir es uns nicht machen. Oder eine Mutter wird depressiv und ist zwar durchaus imstande zu sehen, daß sie ihrem Kind das, was es braucht, vorenthält, aber sie kommt nun einmal nicht gegen dieses Umschlagen ihrer Stimmung an, das sehr leicht die Reaktion auf ein Geschehen sein kann, das in ihr persönliches Leben eingebrochen ist. In allen diesen Fällen verursacht sie Schwierigkeiten, aber niemand würde sie deshalb anklagen.

Mit anderen Worten, es gibt alle möglichen Gründe dafür, daß manche Kinder in der Tat »im Stich gelassen« werden, bevor sie imstande sind zu vermeiden, daß »der Stich« ihre Persönlichkeit verletzt oder verstümmelt.

Hier muß ich auf den Begriff der Schuld zurückkommen. Wir müssen es fertigbringen, uns mit der Entwicklung des Kindes, wie sie uns in ihrer ganzen Komplexität in der individuellen Persönlichkeit entgegentritt, zu beschäftigen, und wir müssen in diesem Zusammenhang auch sagen können: Hier hat der Faktor der hinreichenden Fürsorglichkeit gefehlt, ohne irgend jemandem die Schuld daran zu geben. Ich selbst habe nicht das geringste Interesse daran, Schuld zuzuweisen. Mütter und Väter beschuldigen sich selbst, aber das ist etwas anderes, und im übrigen beschuldigen sie sich wegen so gut wie aller Dinge, zum Beispiel weil sie ein mongoloides Kind haben – etwas, wofür man sie nun mit Sicherheit nicht verantwortlich machen kann.

Wir müssen es über uns bringen, nach der Ätiologie zu fragen, und wir müssen, wo wir auf bestimmte Entwicklungsdefizite treffen, sagen können, daß sie die Folge eines Fehlens des Faktors der hinreichenden Fürsorglichkeit zu einem bestimmten Zeitpunkt oder während einer bestimmten Phase sind. Das hat nichts mit moralischer Verantwortung zu tun. Es ist etwas völlig anderes. Und überhaupt – wie gut wäre eigentlich ich als Mutter gewesen?

Es gibt übrigens einen ganz bestimmten Grund, weshalb ich meine, daß wir imstande sein müssen, ätiologische Signifikanz (nicht Schuld) zu lokalisieren, und zwar den, daß es keine andere Möglichkeit gibt, den positiven Wert des Faktors der hinreichenden Fürsorglichkeit zu ermessen – das für jedes Baby lebensnotwendige Erfordernis, daß jemand die frühesten Stadien des psychischen oder psychosomatischen Wachstums oder, wenn Sie so wollen, des Wachstums der im höchsten Grade unreifen und in jeder Hinsicht abhängigen menschlichen Persönlichkeit fördert.

Ich könnte es auch so sagen: Bei allem Respekt vor Wölfinnen glaube ich nicht an die Geschichte von Romulus und Remus. Es war ein Mensch, der die späteren Gründer Roms fand und sich ihrer annahm, wenn wir dieser Legende auch nur einen Funken Wahrheit zugestehen wollen. Ich gehe nicht weiter und sage nicht, daß wir als Männer und Frauen denjenigen Frauen irgend etwas *schulden,* die dies für jeden einzelnen von uns getan haben. Wir schulden nichts. Aber uns selbst sind wir das verstandesmäßige Anerkenntnis des Umstandes schuldig, daß wir anfangs (im psychologischen Sinne) absolut abhängig waren, und absolut bedeutet absolut. Zum Glück ist man uns mit hinreichender Fürsorglichkeit begegnet.

Läßt sich die Notwendigkeit dieser zu Beginn sehr weitreichenden Anpassung der Mutter an die Bedürfnisse ihres Kindes irgendwie begründen?* Über die eindeutigeren, zugleich aber auch komplizierteren Bedürfnisse älterer Kinder und über die spezifischen Bedürfnisse, wie sie im Augenblick des Übergangs von der alleinigen Hinwendung zur Mutter in die Dreierbeziehung bestehen, gibt es bekanntlich eine Menge zu sagen. Es

---

* Die nachfolgenden Passagen fanden sich zusammen mit dem vorstehenden Vortrag in Winnicotts Papieren. (Anm. d. Hrsg.)

leuchtet ein, daß Kinder ein verläßliches Umfeld brauchen, um mit ihren widerstreitenden Empfindungen von Liebe und Haß und den beiden wichtigsten Tendenzen zurechtzukommen, der Orientierung am gleichgeschlechtlichen Elternteil einerseits und der Orientierung am andersgeschlechtlichen Elternteil andererseits. Wir können insoweit von den hetero- und den homosexuellen Bestrebungen im Rahmen der Hinwendung zu den Objekten sprechen.

Sie werden von mir allerdings eher eine Aussage über die Bedürfnisse des kleinen Kindes in dieser sehr frühen Phase erwarten, in der es so gut wie immer eine Mutterfigur gibt, die während dieser Zeit der absoluten Abhängigkeit des Kindes auch kaum etwas anderes als ebendiese Bedürfnisse im Sinn hat. Ich habe einiges über dieses Thema geschrieben und kann nicht hoffen, hier mehr als eine Zusammenfassung zu geben, wenn ich mit wenigen Worten darauf zu sprechen kommen soll. Ich möchte sagen, daß in diesen ersten, hochbedeutsamen Wochen die Anfangsstadien der Reifungsprozesse erstmals Gelegenheit haben, zu Erfahrungen des Babys zu werden. Wo die fördernde Umwelt – die eine menschliche, eine persönliche Umwelt sein muß – von hinreichender Qualität ist, können sich die ererbten Wachstumstendenzen des Kindes sozusagen zum erstenmal bewähren. Man kann diesen Vorgängen eine Bezeichnung geben. Der wichtigste wird mit dem Wort *Integration* erfaßt. Alle kleinsten Momente und Formen von Aktivität und Wahrnehmung, die miteinander das bilden, was wir schließlich als dieses ganz bestimmte Kind erkennen, fügen sich gelegentlich zusammen, so daß es zu Augenblicken der Integration kommt, in denen das Baby eine Einheit ist, wenn auch selbstverständlich eine hochgradig abhängige Einheit. Wir sagen, daß die Stützung durch das mütterliche Ich die Ich-Organisation des Babys fördert. Schließlich vermag das Kind seine eigene Individualität zu behaupten und sogar ein Gefühl der Identität wahrzunehmen. Das Ganze klingt sehr einfach, wenn alles gutgeht, und beruht auf der ganz frühen Beziehung, in der das Baby und die Mutter in gewissem Sinne eins sind. Daran ist nichts Geheimnisvolles. Die Identifizierung der Mutter mit dem Kind ist von einer ganz bestimmten und höchst differenzierten Art insofern, als sie sich wohl sehr stark mit dem Baby identifiziert fühlt, dabei aber natürlich ein erwachsener Mensch bleibt. Das Baby dagegen hat in den stillen Momenten des Kontakts eine Identität mit der Mutter, die nicht so sehr seine Leistung als vielmehr ein Produkt der Beziehung ist, wie die Mutter sie ermöglicht. Aus der Perspektive des Kindes betrachtet, gibt es nichts anderes als das Kind, und mithin ist die Mutter zunächst einmal ein Teil des Kindes. Mit anderen Worten, wir haben es hier mit dem zu tun, was man gemeinhin die primäre Identifikation nennt. Mit ihr beginnt alles, und sie verleiht so einfachen Worten wie dem Wort *Sein* ihre Bedeutung.

Wir könnten statt dessen auch *Existieren* sagen und von der Existenz sprechen, und wir könnten das Ganze zu einer Philosophie erheben und sie als Existentialismus bezeichnen, aber irgendwie ziehen wir es doch vor, mit dem Wort *Sein* und der Aussage *Ich bin* anzufangen. Wichtig ist hier, daß *Ich bin* nichts weiter bedeutet, als daß *Ich* zunächst *mit einem anderen Menschen zusammen bin*, der noch nicht wegdifferenziert worden ist. Deshalb ist es zutreffender, von *Sein* zu sprechen, als die Worte *Ich bin* zu verwenden, die in die nächste Phase gehören. Man kann es gar nicht nachdrücklich genug sagen, daß alles mit dem *Sein* beginnt und daß ohne *Sein* das, was das Kind tut oder was ihm widerfährt, keine Bedeutung hat. Es ist möglich, ein Baby zum Saugen und ganz allgemein zum körperlichen Funktionieren sozusagen zu verleiten, aber das Baby wird diese Dinge nicht als Erfahrungen wahrnehmen, solange sie nicht auf einer gewissen Menge von schlichtem *Sein* aufliegen, die ausreicht, um jenes Selbst zu etablieren, das schließlich zur Person wird.

Das Gegenteil von Integration ist die nichterfolgte Integration oder die Desintegration, nachdem zunächst ein Zustand der Integration erreicht war. Diese ist unerträglich. Sie gehört zu jenen wahrhaft unvorstellbaren Schrecknissen der frühen Kindheit, die durch die normale Betreuung, wie sie fast alle kleinen Kinder eben doch von einem erwachsenen menschlichen Wesen erfahren, verhindert werden. Ich will jetzt ganz kurz noch auf zwei ähnlich grundlegende Wachstumsprozesse zu sprechen kommen. Wir können es nicht als selbstverständlich ansehen, daß die Psyche des kleinen Kindes sich sozusagen in einer gelungenen Partnerschaft mit dem Soma entwickelt, also mit dem Körper und seinem Funktionieren. Die Fähigkeit, Psyche und Soma zu integrieren, ist eine Leistung, und auch wenn diese Leistung auf einer angeborenen Wachstumstendenz basiert, kann sie eben doch nicht ohne die aktive Beteiligung einer Person zustande kommen, die das Kind hält und mit ihm umgeht. Ein diesbezügliches Versagen läßt Raum für all jene Schwierigkeiten im Bereich des physischen Befindens, die im Grunde der ungefestigten Persönlichkeitsstruktur zuzuschreiben sind. Es zeigt sich immer wieder, daß eine Panne in diesen ganz frühen Wachstumsprozessen uns unmittelbar zu jener Art von Symptomatik hinführt, die wir in unseren psychiatrischen Krankenhäusern antreffen. Daraus folgt, daß die Verhütung schwerwiegender psychischer Störungen ihren Anfang schon bei der Betreuung des Säuglings und bei alldem nimmt, was einer Mutter, die sich dieser Tätigkeit mit Freude hingibt, ganz natürlich zuwächst.

Der zweite Prozeß, den ich erwähnen möchte, hat mit den Anfängen der Objektbeziehungen zu tun. Damit sind wir sozusagen schon auf dem Weg zur höheren Psychologie. Wie auch immer, Sie werden feststellen, daß, sobald zwischen dem Baby und der Mutter eine befriedigende Beziehung zustande gekommen ist, erste Objekte auftauchen, die das Kind symbolisch benutzen kann; außer dem Daumen, an dem das Kind saugt, sind dies auch andere Dinge, die es zu fassen bekommt, und schließlich eine Puppe oder ein Spielzeug. Ein Defizit in diesem Bereich muß als gleichbedeutend mit der mangelnden Fähigkeit, Objektbeziehungen aufzubauen, angesehen werden.

Sie werden bemerkt haben, daß wir zunächst von sehr einfachen Dingen sprachen, daß es zugleich aber auch lebenswichtige

Dinge waren, Dinge, die zu den Grundlagen der psychisch-geistigen Gesundheit zählen. Selbstverständlich geschieht sehr vieles erst in den späteren Phasen, aber die Voraussetzung dafür ist ein guter Anfang. Manche Mütter erschrecken bei dem Gedanken, daß das, was sie tun, so wichtig ist, und in solchen Fällen ist es besser, es ihnen gar nicht erst zu sagen. Sie fangen sonst an, sich zu beobachten, und machen ihre Sache dann nicht mehr so gut wie vordem. Man kann diese Dinge nicht erlernen, und die ängstliche Unruhe ist kein Ersatz für jene ganz schlichte Liebe, die nahezu körperlicher Art ist. Sie könnten nun natürlich fragen, warum ich mich eigentlich so damit abmühe, all das hier darzulegen. Ich muß dazu mit allem Nachdruck sagen, daß irgend jemand sich mit diesen Dingen abmühen muß, weil wir sonst nämlich vergessen, wie wichtig die ganz frühen Beziehungen sind, und diese Beziehungen sonst allzu rasch stören. Das aber dürfen wir nie und nimmer tun. Wenn eine Mutter imstande ist, ganz einfach Mutter zu sein, dann dürfen wir uns keinesfalls einmischen. Sie wird ihre Rechte im Fall unserer Einmischung nämlich nicht verteidigen können, weil sie gar nicht versteht. Alles, was sie weiß, ist, daß man ihr eine Verletzung beigebracht hat. Nur handelt es sich bei dieser Verletzung weder um einen Knochenbruch noch um eine klaffende Wunde am Arm. Es handelt sich um die verstümmelte Persönlichkeit des Kindes. Wie oft verwenden Mütter Jahre ihres Lebens auf den Versuch, diese Verletzung wiedergutzumachen, die wir verursacht haben, indem wir uns ohne Not in Dinge einmischten, die so einfach waren, daß sie uns unwichtig erschienen.

2 Wissen und Lernen
(1950)

Für eine junge Mutter gibt es viel zu lernen. Die Fachleute erzählen ihr Nützliches über die Versorgung des Kindes mit fester Nahrung, über Vitamine und über den Umgang mit der Gewichtstabelle; und manchmal sprechen sie auch über ganz andere Dinge mit ihr, zum Beispiel über ihre Reaktion darauf, daß ihr Kind sich weigert, Nahrung aufzunehmen.

Ich halte es für wichtig, daß Sie* sich über den Unterschied zwischen diesen beiden Arten des Wissens im klaren sind. Was Sie ganz einfach deshalb tun und wissen, weil Sie die Mutter eines kleinen Kindes sind, das ist von Ihrem durch Lernen erworbenen Wissen so weit entfernt wie die Ostküste Englands von der Westküste. Ich kann das gar nicht nachdrücklich genug sagen. Ebenso wie Sie von jenem Professor, der die Entdeckung machte, daß bestimmte Vitamine der Rachitis vorbeugen, in der Tat etwas lernen können, so kann dieser Professor seinerseits auch von Ihnen etwas lernen, und zwar über jenes andere Wissen, das Ihnen von Natur aus zuwächst.

Die Mutter, die ganz und gar von dem Gedanken erfüllt ist, die frühen Phasen des Lebens mit dem Kind gut zu bewältigen, braucht sich, wenn sie das Baby stillt, keine Gedanken um Fett- und Eiweißwerte zu machen. Wenn sie das Kind nach etwa neun Monaten entwöhnt und nun weniger stark von ihm beansprucht wird, kann sie sich in Ruhe mit dem beschäftigen, was Ärzte und Schwestern ihr zu sagen und anzuraten haben. Selbstverständlich gibt es vieles, was sie nicht intuitiv wissen kann, und natürlich möchte sie, daß man ihr sagt, wie sie es denn nun mit der festen Nahrung halten und wie es überhaupt weitergehen soll,

---

* Winnicott wandte sich mit dieser Ansprache an Mütter. Siehe Quellennachweis. (Anm. d. Hrsg.)

damit das Kind zunimmt und gesund bleibt. Aber sie muß sich Zeit lassen, bis sie innerlich soweit ist, diese Belehrung anzunehmen.

Wir alle wissen, daß es jahrelanger Forschungsarbeit bedurfte, damit der Arzt heute ein Vitaminpräparat empfehlen kann; wir bewundern diese Arbeit und die Disziplin, die sie dem Forscher abverlangte, und wir sind dankbar dafür, daß durch die Ergebnisse dieser Forschung viel Leid und Unglück verhindert werden können, wie etwa durch die einfache Empfehlung, der Nahrung ein paar Tropfen Lebertran zuzusetzen.

Andererseits registriert der Wissenschaftler, wenn er sich für derartige Phänomene interessiert, vielleicht mit Bewunderung jenes intuitive Wissen, das es einer Mutter gestattet, ihr Kind zu versorgen, ohne daß sie diese Versorgung erlernt hätte. Denn das ganz Besondere an diesem intuitiven Wissen ist, wie ich meine, daß es in der Tat natürlich ist und nicht durch Angelerntsein verdorben.

Wer über die Pflege und Betreuung des Babys spricht oder schreibt, muß sich über eine Schwierigkeit im klaren sein: Er darf in das Wissen, mit dem Mütter von der Natur ausgestattet sind, nicht störend hineinreden; zugleich muß er sie aber verläßlich über die für sie interessanten Ergebnisse der Forschung informieren.

Ich möchte erreichen, daß Sie sich Ihrer Kräfte und Fähigkeiten als Mütter sicher sein können und nicht der Meinung sind, daß Sie, nur weil Sie über die Vitamine nicht Bescheid wissen, auch nicht wissen können, wie Sie – zum Beispiel – Ihr Kind halten sollen.

Wie Sie Ihr Kind halten sollen – das ist ein gutes Beispiel, an dem ich mein Thema weiterverfolgen kann.

Die Wendung »das Baby halten« hat im Englischen eine ganz bestimmte Bedeutung: Irgend jemand war gemeinsam mit Ihnen mit einer bestimmten Sache beschäftigt, hat sich dann davongemacht und Sie damit sitzenlassen. Mit anderen Worten, jedermann weiß: Mütter haben ein natürliches Verantwortungsgefühl, und wenn sie ein Baby im Arm haben, sind sie in einer ganz besonderen Weise engagiert. Natürlich kommt es vor, daß eine Frau sich ganz buchstäblich als »holding the baby« sieht, dann nämlich, wenn dem Vater die ihm zukommende Rolle nicht gefällt und er die große Verantwortung, die ein Baby in jedem Fall darstellt, nicht mit der Mutter teilen möchte.

Oder es gibt den Vater überhaupt nicht mehr. Normalerweise aber kann sich die Mutter auf ihren Mann verlassen und deshalb wirklich Mutter sein, und wenn sie ihr Kind hält, dann tut sie das ganz natürlich und ohne darüber nachzudenken. Eine solche Mutter wird verwundert sein, daß ich über ein Thema wie das Halten des Kindes wie über eine berufliche Qualifikation spreche.

Wenn die Menschen ein Baby sehen, dann wünschen sie sich genau dies – sie möchten es in ihren Armen halten. Und Sie würden Ihr Baby ja umgekehrt niemandem zu halten geben, von dem Sie spüren, daß ihm das gar nichts bedeutet. Babys haben nämlich ein feines Empfinden dafür, wie sie gehalten werden, sie weinen bei der einen Person und sind still und zufrieden bei der anderen, auch wenn sie noch ganz klein sind. Manchmal möchte ein kleines Mädchen sein neugeborenes Brüderchen oder Schwesterchen halten, und das ist natürlich etwas sehr Besonderes. Die kluge Mutter wird dem Kind nicht die ganze Verantwortung überlassen – sie wird dabeibleiben, immer bereit, das Baby wieder in die eigene sichere Obhut zu nehmen. Sie wird es auch keineswegs für selbstverständlich halten, daß die ältere Schwester sich mit dem Baby im Arm wohl fühlt. Das hieße die ganze Sache mißverstehen. Ich kenne Leute, die sich noch heute daran erinnern, wie schrecklich ihnen mit dem neugeborenen Geschwisterchen im Arm zumute war, und daß sie ihre Unsicherheit wie einen Alptraum empfanden. Im Alptraum wird das Baby fallen gelassen. Die Furcht – die im Alptraum zu einer wirklichen Schädigung des Kindes führt – ist der Grund, weshalb die große Schwester das Baby viel zu fest anfaßt.

Mit alldem steuere ich auf das zu, was Sie, die Mütter, ganz natürlich tun, weil Sie Ihrem Baby fürsorglich zugetan sind. Sie sind nicht ängstlich und fassen es deshalb auch nicht zu fest an. Sie fürchten nicht, das Kind etwa fallen zu lassen. Sie umschließen es gerade so, wie das Kind es braucht, Sie bewegen sich sacht, und vielleicht machen Sie Geräusche. Das Kind spürt Ihren Atem. Es spürt die Wärme, die von Ihrem Atem und von Ihrer Haut ausgeht, und es fühlt sich wohl, so wie Sie es halten.

Natürlich gibt es alle möglichen Mütter, und manche sind nicht ganz so glücklich mit der Art, wie sie ihr Baby halten. Manche sind ein wenig unsicher – das Kind scheint sich in seinem Bettchen wohler zu fühlen. In diesem Fall steckt in der Mutter vielleicht noch etwas von der Angst, die sie empfand, als sie selbst ein kleines Mädchen war und die Mutter ihr ein neugeborenes Baby zu halten gab. Oder sie hat selbst eine Mutter gehabt, die sich nicht so besonders gut auf diese Dinge verstand, und fürchtet nun, dem Kind etwas von dieser frühen Unsicherheit weiterzugeben. Eine ängstliche Mutter benutzt die Wiege, so oft es nur geht, oder gibt das Baby sogar in die Obhut einer Schwester, die sie mit Bedacht ausgewählt hat, eben weil diese Schwester so natürlich mit kleinen Kindern umgeht. Es gibt alle Arten von Müttern auf der Welt, von denen die einen dies und die anderen jenes besonders gut machen. Oder sollte ich sagen, die einen machen dies und die anderen machen jenes besonders schlecht? Jedenfalls gibt es auch ängstliche »Halterinnen«.

Es empfiehlt sich, noch etwas länger bei diesen Überlegungen zu verweilen. Eine Mutter nämlich, die gut und richtig mit ihrem Baby umgeht, sollte auch wissen, daß sie da etwas sehr Wichtiges tut. Denn auch dieses Wissen ist ein Teil jener soliden Grundlage, auf der sich die geistig-psychische Gesundheit dieses neuen Mitglieds der menschlichen Gemeinschaft entwickeln kann.

Lassen Sie Ihre Vorstellungsgabe walten:

Hier haben wir das Kind, sozusagen an seinem Beginn (an dem, was zu Beginn geschieht, können wir sehen, was später immer und immer wieder geschehen wird). Ich möchte Ihnen jetzt drei Stufen der Beziehung des Kindes zur Welt (repräsentiert durch Ihre Arme und Ihren atmenden Körper) beschreiben, wobei von Hunger, Zorn oder anderen Formen des Aufruhrs nicht die Rede sein soll. Stufe eins: Das Kind, ein lebendiges Wesen, ruht sozusagen in sich, ist aber von Raum umgeben. Es weiß von nichts außer von sich. Stufe zwei: Das Kind bewegt einen Ellbogen oder ein Knie, oder es streckt sich ein wenig. Der Raum ist gewissermaßen durchquert worden. Das Kind hat seine Umgebung verblüfft. Stufe drei: Sie, die Sie das Kind halten, springen leicht auf, weil es an der Tür geklingelt hat oder weil das Wasser kocht, und wieder ist der Raum durchquert worden. Diesmal hat die Umgebung das Kind verblüfft.

Zunächst befindet sich das in sich ruhende Kind in dem Raum, der zwischen ihm und der Welt besteht, dann verblüfft es die Welt, und schließlich verblüfft die Welt das kleine Kind. Das ist so einfach, daß es Ihnen, wie ich meine, als ein natürlicher Vorgang einleuchten muß, und deshalb ist es ein guter Ausgangspunkt, von dem aus man sich der Frage zuwenden kann, wie Sie Ihr Kind halten.

Es ist alles ganz einfach. Aber wenn Sie sich über diese Dinge nicht im klaren sind, werden Sie Ihre reichen Möglichkeiten vielleicht vergeuden, nur weil Sie Ihren Nachbarinnen und Ihrem Mann nicht begreiflich machen können, wie wichtig es ist, daß Ihnen genug Raum gelassen wird, um Ihrem Kind eine solide Basis in sein Leben mitgeben zu können.

Lassen Sie es mich so sagen: Das Baby inmitten dieses Raumes ist irgendwann reif für jene Bewegung, die die Welt in Erstaunen versetzt, und nun, da es die Welt in dieser Weise entdeckt hat, ist es irgendwann auch reif, die Überraschungen entgegenzunehmen, die die Welt bereithält.

Das Baby weiß nicht, daß der Raum um es herum von Ihnen gewahrt wird. Wie aufmerksam wachen Sie darüber, daß die Welt sich nicht einmischt, bevor das Kind sie entdeckt hat! In lebendiger, atmender Stille folgen Sie dem Leben des Kindes mit dem Leben, das Sie in sich selbst tragen, und warten auf die Gesten, die von dem Kind kommen, Gesten, die schließlich dazu führen, daß Sie selbst entdeckt werden.

Wenn Sie sehr schlaftrunken und besonders, wenn Sie sehr niedergeschlagen sind, legen Sie das Kind in seine Wiege, denn Sie wissen, daß Ihre Schläfrigkeit nicht lebendig genug ist, um die Vorstellung des Kindes von dem es umgebenden Raum aufrechtzuerhalten.

Wenn ich hier in der Hauptsache von noch ganz kleinen Kindern und Ihrem Umgang mit ihnen gesprochen habe, dann heißt das nicht, daß ich nicht auch die älteren Kinder im Sinn habe. Das ältere Kind ist natürlich längst auf einem ganz anderen und komplexeren Stand angekommen und hat jene ganz spezifischen Umgangsformen, die Sie von Natur aus mit Ihrem nur wenige Stunden alten Baby pflegen, in aller Regel nicht mehr nötig. Aber wie oft geschieht es, daß ein älteres Kind nur für ein paar Minuten oder für ein bis zwei Stunden zurück- und wieder über jenen Boden gehen muß, der zu den ganz frühen Phasen gehört. Vielleicht hat Ihr Kind sich verletzt und kommt nun weinend zu Ihnen. Das braucht nur fünf oder zehn Minuten zu dauern, dann kehrt es wieder zu seinem Spiel zurück. Aber in diesen paar Minuten haben Sie Ihr Kind in den Armen gehalten und ebenjenen Vorgang zugelassen, von dem ich gerade gesprochen habe: zuerst das wortlose, aber atmende Halten bis zu dem Augenblick, da das Kind losgehen und Sie finden kann, während die Tränen schon versiegen. Und am Ende können Sie das Kind ganz natürlich wieder absetzen. Das Kind könnte auch krank, traurig oder müde sein. Was immer es ist, das Kind ist einen Augenblick lang wieder ein Baby, und Sie wissen, Sie müssen ihm Zeit lassen, damit es sich wieder aus der grundlegenden Sicherheit lösen und in seinen Alltag zurückkehren kann.

Ich hätte eine ganze Menge weiterer Beispiele für dieses Ihr Wissen heranziehen können, das Sie einfach deshalb besitzen, weil Sie Spezialistinnen auf dem Gebiet der Pflege und Betreuung Ihrer Kinder sind. Ich möchte Ihnen Mut machen, sich dieses Spezialistenwissen zu bewahren und es zu verteidigen. Man kann es nicht erlernen. Anschließend können Sie etwas von anderen Spezialisten lernen. Nur wenn Sie sich das Wissen bewahren können, mit dem die Natur Sie ausgestattet hat, können Sie in aller Ruhe das Wissen aufnehmen, das Ärzte und Schwestern Ihnen zu vermitteln haben. Es mag so aussehen, als versuchte ich Ihnen jetzt zu sagen, wie Sie Ihr Baby halten sollen. Das wäre allerdings ein ganz falscher Eindruck. Ich versuche, über die verschiedenen Aspekte dessen zu sprechen, was Sie von Natur aus tun, damit Sie dieses Tun ganz klar erkennen und sich Ihrer natürlichen Fähigkeiten bewußt werden können. Dieses Bewußtsein ist wichtig, denn es kommt häufig vor, daß gedankenlose Leute Ihnen sagen wollen, wie Sie etwas tun sollen, das man Sie so gut, wie Sie es von Natur aus *tun*, gar nicht *lehren* könnte. Wenn Ihnen diese Zusammenhänge klar sind, dann können Sie eine noch bessere Mutter werden, indem Sie Dinge lernen, die sich lehren lassen, denn unsere Zivilisation und unsere Kultur bieten viel Nützliches, wenn Sie es sich nur so zu nehmen wissen, daß Ihnen darüber Ihr natürliches Wissen nicht verlorengeht.

3 Stillen als Kommunikation
(1968)

Dieses Thema beschäftigt mich als Kinderarzt, der zum Psychoanalytiker geworden ist, und als jemanden, der eine lange Erfahrung mit Fällen hat, wie sie üblicherweise dem Kinderpsychiater vorgestellt werden. Um meine Arbeit tun zu können, muß ich mich auf eine Theorie der *emotionalen* wie auch der *physischen* Entwicklung des individuellen Kindes in seiner jeweiligen Umgebung stützen können, und eine Theorie muß alles abdecken, was man im jeweiligen Feld erwarten kann. Zugleich muß die Theorie so flexibel sein, daß ein gegebenes klinisches Faktum die theoretische Aussage notfalls auch modifizieren kann.

Es geht mir gar nicht eigentlich darum, das Stillen zu empfehlen und zu propagieren, wenn ich auch hoffe, daß all das, was ich im Laufe der Jahre zu diesem Thema gesagt habe, in ebendiesem Sinne gewirkt hat. Ich hoffe es schon deshalb, weil wir es hier mit einer natürlichen Sache zu tun haben und weil das, was natürlich ist, in der Regel auch seinen guten Grund hat.

Zunächst einmal möchte ich mich von einer sentimentalen Einstellung zum Stillen oder von einer Kampagne zugunsten des Stillens distanzieren. Propaganda ist immer eine zweischneidige Angelegenheit und kann sich irgendwann in ihr Gegenteil verkehren. Es kann gar kein Zweifel daran bestehen, daß eine große Zahl von Zeitgenossen in Frieden groß geworden ist, ohne die Erfahrung des Gestilltwerdens gemacht zu haben. Das heißt, daß der Säugling noch andere Möglichkeiten hat, enge physische Nähe zur Mutter zu erfahren. Dennoch – ich persönlich finde es immer traurig, wenn das Stillen fehlt, einfach weil ich glaube, daß die Mutter oder das Baby oder auch beide etwas entbehren, wenn ihnen diese Erfahrung abgeht.

Uns interessieren ja nicht nur die Krankheiten oder die psychischen Störungen. Es geht uns gleichermaßen um die Entfaltung der Persönlichkeit, um ihre Kräfte und Möglichkeiten, um ihre Fähigkeit zum Glücklichsein ebenso wie um ihre Fähigkeit zu Revolution und Revolte. Es ist gut möglich, daß wahre Stärke an die Erfahrung eines in *natürlichen* Bahnen verlaufenden Entwicklungsprozesses gebunden ist, und es ist diese Art von Stärke, die wir uns für das Individuum erhoffen. In der Praxis verliert man gerade sie nur allzuleicht aus den Augen, und zwar wegen der vergleichbaren Stärke, die von Furcht und Ressentiment, von Deprivation und dem Zustand des Nie-gehabt-Habens herrühren kann.

Wenn man die Kinderärzte hört, kann man sich fragen, ob das Stillen besser ist als andere Arten der Ernährung. Es gibt in der Tat Kinderärzte, die der Meinung sind, die Ernährung mit der Flasche könne, wenn sie gut sei, für die Anatomie und die Physiologie des Kindes – denen ihr Interesse gilt – befriedigender sein. Wir müssen aber nicht meinen, das Thema sei erledigt, wenn der Kinderarzt seine Ausführungen beendet hat, zumal wenn er offensichtlich vergißt, daß ein Kind aus mehr besteht als nur aus Fleisch und Knochen. Meiner Ansicht nach wird für die psychisch-geistige Gesundheit des Individuums von Anfang an dadurch gesorgt, daß die Mutter dasjenige bereithält, was ich als fördernde Umwelt bezeichnet habe, das heißt eine Umwelt, in der die natürlichen Wachstumsprozesse und die Interaktion des Kindes mit der Umgebung entsprechend den im Individuum angelegten Bahnen in Gang kommen können. Die Mutter errichtet (ohne es zu wissen) das Fundament der psychisch-geistigen Gesundheit des Individuums.

Aber nicht nur das. Unter der Voraussetzung geistig-psychischer Gesundheit errichtet die Mutter (wenn sie ihre Aufgabe gut erfüllt) auch die Grundlage, auf der sich der Charakter und die Persönlichkeit des Individuums entfalten können. Von dieser soliden Basis aus hat es die Chance, sich der Welt kreativ zuzuwenden und das, was die Welt ihm bietet, also auch die kulturellen Güter, zu genießen und zu nutzen. Es ist leider nur allzu wahr, daß, wenn ein Kind nicht hinreichend gut auf den Weg gebracht worden ist, diese kulturelle Erbschaft gar nicht vorhanden zu sein brauchte und die Schönheit der Welt in diesem Fall nichts weiter ist als ein quälender Anblick, an dem dieser Mensch sich gar nicht erfreuen kann. So gesehen, gibt es also wirklich die Habenden und die Nichthabenden, und das hat nichts mit den finanziellen Möglichkeiten zu tun; es betrifft den Unterschied zwischen denen, die einen hinreichend guten Start erhielten, und denen, die diesen hinreichend guten Start nicht erhielten.

Das Stillen gehört mit Sicherheit in diesen größeren Zusammenhang, den wir meinen, wenn wir sagen, daß ein Mensch von seiner Umwelt entsprechend gut ausgestattet, also mit einem guten Start versehen wurde. Aber da ist noch etwas anderes. Die Psychoanalytiker, die uns die Theorie der emotionalen Entwicklung des Individuums beschert haben, an die wir uns heutzutage halten, sind in gewisser Weise auch dafür verantwortlich, daß der Brust selbst eine etwas übertriebene Bedeutung eingeräumt wird. Sie hatten nicht ganz unrecht. Im Laufe der Zeit haben wir nun aber erkannt, daß die »gute Brust« ein Schlagwort ist, daß sie nur ganz allgemein mit guter mütterlicher Fürsorge und Zuwendung gleichgesetzt wird. So sind das Halten und die Art, wie mit dem Kind umgegangen wird, als Indikatoren der Versorgung noch wichtiger als die tatsächliche Erfahrung des Gestilltwerdens. Und andererseits wissen wir auch, daß es viele Babys gibt, denen mit dem Gestilltwerden eine allem Anschein nach gute Erfahrung zuteil wurde und denen dennoch etwas abgegangen sein muß, insofern nämlich, als sie bereits einen Defekt in ihrem Entwicklungsprozeß und in ihrem Vermögen, sich anderen Menschen zuzuwenden und Objekte zu nutzen, erkennen lassen – einen Defekt, der darauf zurückzuführen ist, daß nicht in der notwendigen Weise mit ihnen umgegangen wurde und sie nicht in der notwendigen Weise gehalten wurden.

Nachdem ich deutlich gemacht habe, daß mit dem Wort *Brust* und mit dem Gedanken des Stillens im Grunde alles erfaßt ist, was irgendwie mit den praktischen Seiten des Mutterseins zu tun hat, Mutter eines Babys zu sein, kann ich auf die Bedeutung *der Brust selbst* zu sprechen kommen, und das will ich nun versuchen. Sie haben vielleicht schon erkannt, wovon ich loskommen möchte. Ich möchte mich von denen distanzieren, die eine Mutter dazu bringen wollen, ihr Baby zu stillen. Ich habe es sehr häufig erlebt, daß es einem Kind überhaupt nicht gutging, weil seine Mutter sich so heftig bemühte, die Brust zum Funktionieren zu bringen, was selbstverständlich nicht gelingen kann, weil dies nun einmal keine Frage der bewußten Steuerung ist. Die Mutter leidet, und das Kind leidet ebenfalls. In manchen Fällen ist die Erleichterung groß, wenn schließlich zur Ernährung mit der Flasche übergegangen wird und nun jedenfalls etwas gut läuft in dem Sinne, daß das Baby zufrieden ist, weil es die richtige Menge bekömmlicher Nahrung erhält. Viele solche Kämpfe ließen sich vermeiden, wenn man das Stillen nicht wie ein religiöses Gebot behandelte. Ich empfinde es als ausgesprochene Zumutung, wenn einer Frau, die ihr Kind *gerne* stillen möchte und ganz natürlich an diese Erfahrung herangeht, von einer Autorität – einem Arzt oder einer Schwester – gesagt wird: »Sie *müssen* Ihr Baby stillen.« Wenn ich eine Frau wäre – das würde genügen, um mir die Sache zu verleiden. Ich würde sagen: »Nun werde ich es gerade nicht tun.« Leider haben Mütter aber nun einmal eine schreckliche Hochachtung vor Ärzten und Schwestern, und nur, weil der Arzt weiß, was zu tun ist, wenn etwas nicht in Ordnung ist oder ein akuter Notfall eintritt, glauben sie, er werde auch wissen, wie eine Beziehung zwischen Mutter und Kind herzustellen ist. In der Regel geht ihm aber jedes Verständnis für diese Dinge ab, die in den Bereich der Intimität zwischen Mutter und Kind gehören.

Ärzte und Pflegekräfte ganz allgemein müssen begreifen, daß sie für die physische Seite zuständig sind und dringend gebraucht werden, wenn hier etwas nicht in Ordnung ist, daß sie aber keine Spezialisten sind, soweit es um die für beide Beteiligten lebensnotwendige Intimität von Mutter und Kind geht. Wenn sie anfangen, diesbezüglich Ratschläge zu erteilen, bewegen sie sich auf gefährlichem Boden. Weder die Mutter noch das

Baby brauchen nämlich diesen Rat. Vielmehr brauchen sie eine Atmosphäre, die die Mutter in ihrem Selbstvertrauen bestärkt. Es ist eine sehr bedeutsame Neuerung, die zunehmend aufgegriffen wird, daß der Vater bei der Geburt des Babys zugegen sein darf. Er kann sich auf diese Weise darüber klarwerden, wie wichtig jene ersten Augenblicke sind, in denen die Mutter ihr Kind anschaut, bevor sie sich ausruht. Das gleiche gilt für den ersten Versuch mit dem Stillen. Er kann sich als sehr schwierig erweisen, weil die Mutter ihr Kind nun einmal nicht auf Kommando stillen kann. Sie muß sozusagen auf ihre Reaktionen warten, oder aber ihre Reaktionen sind so stark, daß sie kaum auf das Kind warten kann und man ihr helfen muß, weil die Milch bereits einschießt.

Wer Ärzte und Schwestern in diesen Dingen erziehen will, muß allerdings bedenken, daß sie schon sehr viel anderes zu lernen haben, denn die Anforderungen in der modernen medizinischen Versorgung sind in der Tat sehr hoch. Zudem sind Ärzte und Schwestern eben auch nur Menschen. Die Eltern müssen über ihre Bedürfnisse in dieser sehr frühen Phase selbst Bescheid wissen und auf der Befriedigung dieser Bedürfnisse bestehen. Hin und wieder treffen sie auch einmal auf Ärzte und Schwestern, die begreifen, welche Aufgabe ihnen und welche Aufgabe den Eltern zukommt, und in diesen Fällen ist die Zusammenarbeit immer glücklich. Bei meiner Einstellung zu diesen Dingen höre ich natürlich viele Klagen von Müttern über das Unheil, das Ärzte und Schwestern anrichten, die – während sie sich in vorbildlicher Weise um die medizinischen Belange kümmern – es nicht unterlassen können, sich in die Beziehungen zwischen Mutter, Vater und Baby einzumischen, und insoweit alles andere als hilfreich sind.

Natürlich haben manche Mütter auch große persönliche Schwierigkeiten, die mit ihren inneren Konflikten und vielleicht auch mit ihren eigenen frühkindlichen Erfahrungen zu tun haben. Manchmal lassen sich diese Dinge bewältigen. Wenn eine Mutter Schwierigkeiten mit dem Stillen hat, ist es falsch, eine

Situation unbedingt herbeizwingen zu wollen, die dann in gewissem Umfang danebengehen und zum Desaster werden kann. Die Verantwortlichen tun also sehr schlecht daran, sich von vorgefaßten Meinungen darüber leiten zu lassen, wie die Mutter es mit dem Stillen halten sollte. Es geschieht häufig, daß eine Mutter den Versuch rasch aufgeben und eine andere Art der Ernährung einführen muß, beim zweiten oder dritten Kind dann aber Erfolg hat und sehr froh ist, daß es ihr diesmal ganz von selbst gelingt. Wenn ein Baby nicht gestillt werden kann, hat die Mutter viele andere Möglichkeiten, physische Nähe zu gewähren.

Hier möchte ich ein Beispiel einflechten, das zeigt, wie wichtig diese Dinge in einer sehr frühen Lebensphase sein können. Eine Frau adoptierte ein sechs Wochen altes Kind. Sie stellte fest, daß es auf den Kontakt mit ihr, auf das Gedrückt- und Gehaltenwerden und alle übrigen mit der Babypflege zusammenhängenden Dinge gut ansprach. Doch zeigte schon dieses sechs Wochen alte Kind ein Verhaltensmuster, das einer vorangegangenen Erfahrung entstammte. Dieses Verhalten trat nur im Zusammenhang mit der Fütterung auf: Damit das Kind die Nahrung annahm, mußte die Adoptivmutter es auf den Fußboden oder auf eine ungepolsterte Unterlage legen und die Flasche ohne jeden weiteren physischen Kontakt so halten, daß das Baby reagieren, nämlich saugen konnte. Dieses höchst ungewöhnliche Muster blieb bestehen und verwob sich mit der Persönlichkeit des Kindes, und so konnte jeder, der seine Entwicklung beobachtete, ganz deutlich erkennen, daß die sehr frühe Erfahrung des unpersönlichen Nährens eine Wirkung – und in diesem Fall keine gute Wirkung – gehabt hatte.

Mit weiteren Beispielen würde ich nur zur Verwirrung beitragen, denn es handelt sich hier um ein weites Feld. Es ist also wohl besser, wenn ich mich auf die Erfahrungen meiner Zuhörer stütze und Sie daran erinnere, daß die ganz kleinen Dinge, wie sie sich zu Beginn zwischen Mutter und Baby ereignen, wichtig sind und nicht etwa deshalb weniger wichtig wären, weil sie so natürlich sind, daß man sie am liebsten für selbstverständlich hält.

Mein Fazit lautet also, daß das Stillen positiv zu bewerten ist, dies aber immer in dem Verständnis, daß es nicht absolut notwendig ist und nicht verlangt werden sollte, wenn die Mutter damit persönliche Schwierigkeiten hat. Klar herausstellen möchte ich aber den großen Gewinn, der mit dieser Erfahrung verbunden ist: Das Kind ist wach und lebendig und mit seiner ganzen aufstrebenden Persönlichkeit beteiligt. Zu Beginn nimmt die Nahrungsaufnahme einen großen Teil der Wachphasen des Babys ein. Man könnte sagen, das Kind sammelt Stoff, um zu träumen, wenn sich auch bald all die anderen Dinge einstellen, die ebenfalls gesammelt werden und in der inneren Realität des schlafenden Kindes – das selbstverständlich träumt – sozusagen nachschwingen können. Die Ärzte sind so daran gewöhnt, von Gesundheit und Krankheit zu sprechen, daß sie darüber manchmal die unendlichen Varianten von Gesundheit vergessen, Varianten von der Art, daß die Erfahrung des einen Kindes dürftig, farblos, ja langweilig ist, während die des anderen fast zu aufregend, zu farbig, zu sensationell und zu reich ist, um ertragen werden zu können. Das Erlebnis des Genährtwerdens ist für manche Kinder so langweilig, daß es fast eine Erleichterung für sie sein muß, vor Zorn und Frustration schreien zu können, die sich doch jedenfalls real erfahren lassen und die ganze Persönlichkeit beanspruchen. Das erste also, wonach man fragen muß, wenn es um die Erfahrung des Babys mit dem Stillen geht, ist die Frage nach der *Qualität* dieser Erfahrung und danach, ob die ganze Persönlichkeit daran teilhat. Auch beim Füttern mit der Flasche sind viele Merkmale am Werk, wie sie das Erlebnis des Gestilltwerdens kennzeichnen. So ist zum Beispiel der für die früheste Phase kennzeichnende Blickkontakt zwischen Baby und Mutter nicht unbedingt vom Stillen abhängig. Und doch hat man das Gefühl, daß die Geschmacks-, Geruchs- und sinnliche Erfahrung, wie sie mit dem Stillen einhergeht, in dieser Gesamtheit fehlt, wenn das Kind sich mit einem Gummisauger einläßt. Zweifellos verstehen Babys auch mit diesem Nachteil fertigzuwerden, und der lustvolle Umgang mit Dingen aus Gummi

40

läßt sich in manchen Fällen auf die hohe Wertschätzung von Gummi im Zusammenhang mit der Flaschenernährung zurückführen. Die frühe Aufnahmebereitschaft für sinnliche Erfahrungen zeigt sich im Gebrauch der von mir so bezeichneten Übergangsobjekte, bei denen das Baby himmelweite Unterschiede macht zwischen Seide, Nylon, Wolle, Baumwolle, Leinen, einer gestärkten Schürze, Gummi oder einer nassen Windel. Aber das ist ein anderes Thema, das ich hier nur erwähne, um Sie daran zu erinnern, daß sich gewaltige Dinge in der kleinen Welt des Babys ereignen.

Den Erfahrungen des Kindes, die reicher sind, wenn die Brust und nicht die Flasche gegeben wird, muß man die Gesamtheit der Gefühle und Erfahrungen der Mutter an die Seite stellen. Ich brauche zu diesem großen Thema wohl kaum etwas zu sagen und nicht das Erfolgsgefühl der Mutter zu schildern, wenn Physiologie und Anatomie, die ihr vielleicht eine ganz schöne Last gewesen sind, plötzlich einen Sinn haben und sie mit der Furcht, das Kind werde sie noch aufessen, umgehen kann, indem sie feststellt, daß sie ja in der Tat etwas hat, das Milch heißt und mit dem sie das Kind abwimmeln kann. Ich möchte dies alles Ihrer Vorstellungsgabe überlassen. Wichtig ist aber der Hinweis darauf, daß das Füttern sehr befriedigend sein kann, wie auch immer es geschieht, daß die Befriedigung allerdings für die Frau, die dazu einen Teil ihres eigenen Körpers einsetzen kann, von ganz anderer Art ist: Die Befriedigung knüpft an ihre eigenen Erfahrungen als Baby an, und das Ganze verweist zurück in den Anfang der Zeiten, da das menschliche Wesen sich noch kaum vom Leben anderer Säugetiere entfernt hatte.

Ich komme jetzt zu der aus meiner Sicht wichtigsten Beobachtung auf diesem Gebiet. Sie betrifft den Umstand, daß im lebenden Baby Aggressivität steckt. Mit der Zeit fängt es an, um sich zu treten, zu schreien und zu kratzen. Beim Füttern war anfangs eine sehr heftige Tätigkeit der Kiefer zu beobachten, eine Tätigkeit, die sehr leicht zur Verletzung der Brustwarze führt;

und manche Babys wollen davon einfach nicht lassen und tun der Mutter spürbar weh. Man kann nicht sagen, daß sie tatsächlich versuchen, ihr weh zu tun, denn es ist einfach noch nicht »genug Baby« da, als daß Aggression irgend etwas bedeuten könnte. Mit der Zeit aber entwickeln kleine Kinder einen Beißimpuls. Das ist der Anfang von etwas, das von ganz erheblicher Bedeutung ist: Es gehört in den übergreifenden Bereich der Unbarmherzigkeit, der Impulsivität und des Benutzens wehrloser Objekte. Sehr, sehr rasch verschonen Babys die Brust, und tatsächlich beißen sie auch dann, wenn sie schon Zähne haben, nur selten in zerstörerischer Absicht.

Das liegt nicht daran, daß der Impuls nicht vorhanden wäre. Es hat vielmehr etwas mit der Domestizierung des Wolfs zum Hund und des Löwen zur Katze zu tun. Wie auch immer – es gibt im Leben des Säuglings eine sehr schwierige Phase, um die man nicht herumkommt. Die Mutter kann ihr Kind durch diese Phase, in der sie gelegentlich von ihm »zerstört« wird, rasch hindurchbringen, wenn sie nur darüber Bescheid weiß und sich in acht zu nehmen versteht, ohne an Rache und Vergeltung zu denken.

Anders gesagt, sie hat eine ganz bestimmte Aufgabe, wenn das Kind beißt und kratzt, sie an den Haaren zieht und nach ihr tritt – und zwar die Aufgabe zu überleben. Das Kind wird den Rest erledigen. Wenn sie überlebt, entdeckt das Kind eine neue Bedeutung des Wortes Liebe, und es taucht etwas Neues in seinem Leben auf – die Phantasie. Es ist, als ob das Kind jetzt sagte: »Ich liebe dich, weil du mein Zerstörungswerk an dir überlebt hast. In meinen *Träumen* und in meiner *Phantasie* zerstöre ich dich, wann immer ich an dich denke, weil ich dich liebe.« Auf ebendiese Weise wird die Mutter zum Objekt – sie wird in eine Welt versetzt, die nicht Teil des Kindes ist, und sie wird dienlich.

Sie haben bemerkt, daß es hier um ein Kind geht, das älter als sechs Monate ist, und daß wir auch über das Zweijährige sprechen. Wir entwickeln eine Sprache, wie sie sich zur allgemeinen

Beschreibung der fortschreitenden Entwicklung des Kindes eignet, das nun Teil der Welt wird und nicht länger in einer geschützten Spezialwelt, einer subjektiven Welt lebt, die dadurch entstand, daß die Mutter sich so uneingeschränkt seiner Bedürfnisse anzunehmen vermochte. Doch sollten wir eine rudimentäre Form dieser späteren Entwicklungen schon dem Neugeborenen nicht absprechen.

Es ist hier nicht unsere Aufgabe, uns mit diesem in jedem einzelnen Fall so wichtigen Übergang zu beschäftigen, der das Kind in die Lage versetzt, Teil der Welt zu sein, die Welt zu benützen und seinerseits zur Welt beizutragen. Das Entscheidende in diesem Zusammenhang ist vielmehr die Erkenntnis, daß die Basis dieser gesunden Entwicklung des Individuums das Überleben des Objekts ist, das attackiert wurde. Im Fall der Mutter, die ihr Baby nährt, ist es ihr Überleben nicht nur als lebende Person, sondern auch als eine Person, die sich im entscheidenden Augenblick gerade nicht zur rachedürstenden Figur gewandelt und nicht Vergeltung geübt hat. Schon recht bald spielen andere Menschen, spielt der Vater, spielen Tiere und Spielsachen die gleiche Rolle. Es dürfte deutlich geworden sein, daß es eine heikle Sache für die Mutter ist, das Kind einerseits von der Brust zu entwöhnen und andererseits das Überleben des Objekts zuzusichern, das – der natürlichen Entwicklung des Babys gemäß – ja gerade erst zerstört werden sollte. Ohne uns mit den in diesem ganzen Bereich denkbaren und außerordentlich interessanten Komplikationen zu beschäftigen, können wir ganz einfach sagen: Das, worauf es ankommt, ist das Überleben des Objekts vor diesem Hintergrund. Und nun können wir den Unterschied zwischen der Brust und der Flasche deutlich erkennen. Das Überleben der Mutter ist in jedem Fall von zentraler Bedeutung. Doch besteht zweifellos ein Unterschied zwischen dem Überleben eines Teils des mütterlichen Körpers und dem Überleben einer Flasche. Wir brauchen insoweit nur daran zu denken, daß es für das Kind eine geradezu traumatische Erfahrung ist, wenn die Flasche zerbricht – wenn also die Mutter die Flasche, aus der das Kind gerade trinkt, zu Boden fallen läßt oder – was ebenfalls vorkommt – das Kind die Flasche wegstößt, so daß sie zerbricht.

Vielleicht ist es Ihnen anhand dieses Beispiels möglich, die Dinge so wie ich zu sehen, daß nämlich das Überleben der Brust – eines Teils der Mutter – auf einer anderen Bedeutungsebene steht als das Überleben einer Glasflasche. Aufgrund dieser Überlegungen betrachte ich das Stillen als eines jener natürlichen Phänomene, die sich von selbst rechtfertigen, auch wenn sie zur Not wegfallen können.

4 Das Neugeborene und seine Mutter

(1964)

Dieses Thema ist so vielschichtig, daß ich zögere, ihm noch eine weitere Dimension hinzuzufügen. Aber wenn die Psychologie etwas zur Erforschung des Neugeborenen beizutragen hat, so ist es allein die Praxis, die dadurch komplizierter wird.* Was die Theorie angeht, so ist das, was zu diesem Thema beigesteuert wird, entweder falsch (und geht mithin am Problem vorbei), oder es enthält eine Wahrheit, und in diesem Fall vereinfacht es die Dinge, denn die Wahrheit dient ja bekanntlich immer der Vereinfachung.

Das Neugeborene und seine Mutter – dieses saugend-säugende Zweigespann –, das ist in der Tat ein weites Feld, und doch würde ich nicht gerne über das Neugeborene allein referieren müssen. Schließlich geht es hier um Psychologisches, und ich möchte doch meinen, daß wir, wenn wir ein Baby vor uns haben, immer auch seine Versorgung durch die Umwelt und dahinter die Mutter sehen.

Wenn ich häufiger »die Mutter« als »der Vater« sage, dann werden die Väter dies hoffentlich verstehen.

Wir müssen uns über den himmelweiten Unterschied im klaren sein, der zwischen dem Seelenleben der Mutter und demjenigen des Säuglings besteht. Die Mutter ist eine differenzierte Person. Das Kind ist zu Beginn das Gegenteil von differenziert. Vielen Beobachtern fällt es nicht leicht, einem Kind so etwas wie ein Seelenleben zuzubilligen, bevor es einige Wochen oder gar einige Monate alt ist, wobei gesagt werden muß, daß es eher die Ärzte als die Mütter sind, die insoweit Schwierigkeiten haben. Ist es nicht überhaupt so, daß wir von Müttern zwangsläufig annehmen, daß sie mehr sehen, als da ist, während wir von Wissen-

---

* Winnicott hielt diesen Vortrag vor Kinderärzten. Siehe Quellennachweis. (Anm. d. Hrsg.)

schaftlern zwangsläufig annehmen, daß sie ohne Beweise gar nichts sehen?

Ich hörte einmal John Davis* sagen, daß in einem Neugeborenen Physiologie und Psychologie *eins* seien. Das ist ein guter Ansatz. Die Psychologie wächst allmählich aus der Physiologie heraus. Wann dieser Vorgang einsetzt, darüber brauchen wir uns nicht zu streiten. Der Zeitpunkt mag je nach den Umständen schwanken. Doch könnte man den Augenblick der Geburt als denjenigen Zeitpunkt annehmen, zu dem auf diesem Gebiet große Veränderungen vor sich gehen, so daß es einem zu früh geborenen Kind im Brutkasten (psychologisch gesehen) sehr viel besser gehen kann, während ein übertragenes Kind dort nicht gedeihen würde, sondern Menschenarme und den körperlichen Kontakt braucht.

Meiner ureigenen These zufolge stellen sich Mütter, wenn sie nicht psychisch krank sind, während der letzten Monate der Schwangerschaft auf ihre hochspezialisierte Aufgabe ein und erholen sich von dieser Einstellung im Laufe der Wochen und Monate nach der Entbindung. Ich habe mich unter der Überschrift »Primäre Mütterlichkeit« ausführlich mit diesem Thema befaßt. In diesem Zustand ist es einer Mutter möglich, sich sozusagen in das Kind hineinzuversetzen. Das heißt, sie entwickelt eine erstaunliche Fähigkeit zur Identifizierung mit dem Baby und vermag daher dessen existentielle Bedürfnisse in einer Weise zu befriedigen, wie dies von keiner Maschine geleistet werden könnte und durch keine Art der Belehrung möglich wäre. Darf ich dies als gegeben voraussetzen, wenn ich im weiteren nun feststelle, daß der Inbegriff aller Säuglingsbetreuung das Halten ist? Ich meine damit das Halten durch einen Menschen. Ich bin mir darüber im klaren, daß ich die Bedeutung des Wortes »Halten« bis zum äußersten ausdehne, aber immerhin ist dies eine ökonomische Feststellung, und sie trifft zu.

---

* Kinderarzt und Winnicotts Kollege am Paddington Green Children's Hospital. (Anm. d. Hrsg.)

Ein Kind, das in befriedigener Weise gehalten wird, ist etwas entschieden anderes als eines, dem diese Erfahrung versagt bleibt. Für mich haben irgendwelche Beobachtungen an kleinen Kindern nicht den geringsten Wert, wenn sie nicht etwas Definitives darüber aussagen, wie das betreffende Kind gehalten worden ist. Denken Sie an den Film, den wir soeben gesehen haben und der für mich sehr interessant war. Ein Arzt hielt ein kleines Kind, das seine ersten Gehversuche machte; wenn Sie die Bewegungen seiner Zunge beobachtet haben, ist Ihnen aufgefallen, daß er sehr behutsam und sehr einfühlsam war und das Kind sich anders benahm, als es sich benommen hätte, wenn es von jemand anders gehalten worden wäre. Ich glaube, daß Kinderärzte ganz allgemein Leute sind, die sich mit dem kleinen Kind identifizieren und es halten können, und vielleicht veranlaßt gerade dieses Identifizierungsvermögen einen Menschen dazu, Pädiatrie zu studieren. Ich möchte diese Zusammenhänge, auch wenn sie sozusagen auf der Hand liegen, hier ganz ausdrücklich erwähnen, denn Beschreibungen des Verhaltens von Babys fallen bekanntlich sehr unterschiedlich aus, und eigentlich sollten wir immer einen Film vor uns haben, um den Beobachter sehen und beurteilen zu können, ob das jemand ist, der weiß, wie dem Kind in diesem Augenblick zumute ist.

Wenn ich diesen spezifischen Aspekt des Umgangs mit Babys in einem so kurzen Vortrag eigens erwähne, dann deshalb, weil in den frühen Phasen der emotionalen Entwicklung, bevor die Sinne organisiert sind, bevor irgend etwas da ist, das man als autonomes Ich bezeichnen könnte, die Erfahrung sehr schwerer Ängste gemacht wird. Tatsächlich ist das Wort »Angst« hier gar nicht ausreichend, denn der Schmerz, den das kleine Kind in dieser Phase erleidet, ist vom gleichen Rang wie derjenige, der den Hintergrund der Panik bildet, und Panik ist bereits ein Abwehrmechanismus gegen die Höllenqualen, die einen Menschen dazu verleiten, Selbstmord zu begehen, anstatt sich zu erinnern. Ich habe mich hier mit Absicht starker Vokabeln bedient. Sie sehen zwei kleine Kinder; das eine ist hinreichend gut gehalten worden (in jenem erweiterten Sinn, in dem ich dieses Wort verwende), und seiner raschen, den angeborenen Tendenzen folgenden emotionalen Entwicklung steht nichts im Wege. Das andere hat die Erfahrung des befriedigenden Gehaltenwerdens nicht gemacht, seine Entwicklung mußte sich deshalb verzögern und verzerren, und es muß ein gewisses Maß an primitiver Seelenqual in sein Leben und seine Lebensgestaltung mitnehmen. Ich möchte meinen, daß die Mutter in der von beiden Seiten geteilten Erfahrung des befriedigenden Haltens imstande gewesen ist, ein Zusatz-Ich zu gewähren, so daß das Kind von frühester Zeit an ein Ich hat, ein sehr schwaches, persönliches Ich, aber doch eines, dem dadurch aufgeholfen wird, daß die Mutter ein waches Gespür für die existentiellen Bedürfnisse des Kindes beweist und sich insoweit mit dem Kind zu identifizieren vermag. Wenn diese Erfahrung gefehlt hat, dann hat das Kind entweder ein frühreifes Ich ausbilden müssen, oder aber es ist zu einem großen Durcheinander gekommen.

Ich muß mich hier ganz unverhüllt ausdrücken, denn es ist ja nicht zwangsläufig so, daß Leute, die sich mit der Physis gut auskennen, daneben auch noch viel von psychologischer Theorie verstehen. Wenn die Prozesse der emotionalen Entwicklung und der Reifung des Individuums ihren Gang nehmen sollen, dann bedarf es dazu einer fördernden Umwelt. Diese fördernde Umwelt wird rasch sehr komplex. Nur ein menschliches Wesen kann ein kleines Kind so gut kennen, daß die immer komplexere Anpassung an die sich stetig wandelnden Bedürfnisse des Kindes möglich wird. Reifung ist während der frühen Phasen und im Grunde auch zu jedem späteren Zeitpunkt sehr weitgehend eine Frage der Integration. Ich kann hier nicht alles wiederholen, was über die frühen Phasen der emotionalen Entwicklung geschrieben worden ist, aber drei wesentliche Leistungen fallen unter diese Überschrift: die Integration des Selbst, die Ansiedlung der Psyche im Körper und das Entstehen der Objektbeziehung. Mit diesen Leistungen korrespondieren mehr oder weniger die drei Funktionen der Mutter: das Halten des Kindes, das

Umgehen mit dem Kind und die Objektpräsentation. Das ist schon in sich ein unerschöpfliches Thema. Ich habe es in »The First Year of Life«* abzuhandeln versucht. Hier aber möchte ich näher beim Zeitpunkt der Geburt bleiben.

Wie Sie sehen, möchte ich die Aufmerksamkeit auf den Umstand lenken, daß Babys von Anfang an Menschen sind, das heißt, daß sie einen brauchbaren elektrochemischen Apparat besitzen. Ich weiß, daß ich hier nicht eigens darauf hinweisen muß, daß Babys menschliche Wesen sind. Insoweit sind sich Psychologie und Pädiatrie ja einig.

Es ist schwer zu bestimmen, wann die Person beginnt. Aber wenn da jemand ist, der Erfahrungen sammelt und miteinander vergleicht, Gefühle hat und zwischen Gefühlen unterscheidet, im entsprechenden Augenblick ängstlich ist und beginnt, eine Abwehr gegenüber dem seelischen Schmerz aufzubauen, dann, so meine ich, *IST* das Kind, und von diesem Punkt an muß die Beschäftigung mit dem Kind auch psychologischer Art sein. (Siehe Kapitel 5.)

Sie werden mit verschiedenen neueren Versuchen der direkten Beobachtung des kleinen Kindes vertraut sein. Ich brauche insoweit nur auf die Bibliographie in Band 2 des jüngst erschienenen Werkes *Determinants of Infant Behavior*** zu verweisen. Ich werde nicht weiter auf diese Arbeiten eingehen (Sie werden vielleicht fragen: Warum nicht?), denn die direkte Beobachtung ist ja etwas, was denjenigen ohne weiteres einleuchtet, die sich in erster Linie als Naturwissenschaftler verstehen (und diese sind hier zahlreich vertreten). Ich möchte in diesen wenigen Minuten lieber versuchen, Ihnen ein ganz klein wenig von meiner Erfahrung als Psychoanalytiker und Kinderpsychiater zu vermitteln – wozu ich, von der Kinderheilkunde herkommend, vor langer Zeit geworden bin.

---

* In: The Family and Individual Development. London (Tavistock Publications) 1965. (Anm. d. Hrsg.)
** Ciba Foundation. London (Tavistock Publications) 1961. (Anm. d. Hrsg.)

Was kann die Psychoanalyse zur Erhellung der Psychologie des Neugeborenen beitragen? Hier wäre natürlich eine Menge über psychische Schwierigkeiten der Mutter oder des Vaters zu sagen; aber um die Dinge im Griff zu behalten, muß ich eine gewisse Gesundheit der Eltern voraussetzen und mich dem Kind zuwenden, und dabei werde ich auch von der physischen Gesundheit des Kindes ausgehen.

Der Beitrag der Psychoanalyse bestand darin, daß sie eine Theorie der emotionalen Entwicklung beisteuerte – genauer gesagt, die einzige Theorie. In ihrer Frühzeit erkannte sie frühkindliches Material allerdings nur in der Traumsymbolik, in der psychosomatischen Symptomatik und in der Imagination. Allmählich wurde sie in die Vergangenheit ausgedehnt und erfaßte damit auch kleine Kinder von, sagen wir, zweieinhalb Jahren. Aber auch das erbrachte noch nichts, was uns hier und jetzt interessieren könnte, denn zweieinhalbjährige Kinder sind erstaunlich weit weg von ihrem Säuglingsalter, es sei denn, sie sind krank und zurückgeblieben.

Ich bin der Meinung, daß die bedeutendste Entwicklung in der Psychoanalyse – von unserem Standpunkt aus betrachtet – der Umstand ist, daß die Analytiker sich inzwischen auch mit psychotischen Patienten befassen. Dabei hat sich herausgestellt, daß – während die Beobachtung der Psychoneurose den Analytiker in die frühen Kinderjahre des Patienten führt – die Beobachtung der Schizophrenie ihn in die Säuglingszeit blicken läßt, in die Anfänge, in eine Phase der nahezu absoluten Abhängigkeit. Um es kurz zu sagen: In diesen Fällen hat es an einer fördernden Umwelt schon gefehlt, bevor das unreife und abhängige Ich die Fähigkeit zur Organisation seiner Abwehrmechanismen entwickeln konnte.

Um die Dinge noch weiter einzugrenzen: Für den Forscher, der sich in dieser Weise mit der Psychologie des Säuglingsalters beschäftigt, ist der bestgeeignete Patient der Borderline-Schizophrene, ein Mensch also, der eine hinreichend funktionierende Persönlichkeit hat, um zur Analyse kommen und die mühselige

Arbeit tun zu können, die nun einmal notwendig ist, wenn dem sehr kranken Teil seiner Persönlichkeit Erleichterung zuteil werden soll. Ich kann Ihnen kaum mehr als eine Ahnung davon vermitteln, daß und wie ein schwer regredierter Patient in einer gleichmäßig voranschreitenden Analyse unser Verständnis vom Säugling bereichern kann. Tatsächlich liegt dieser Säugling nämlich da auf der Couch oder auf dem Fußboden oder sonstwo, die Abhängigkeit ist mit Händen zu greifen, das Hilfs-Ich des Analytikers ist am Werk, die Beobachtung des Säuglings kann direkt erfolgen – nur daß der Patient eben ein erwachsener und damit selbstverständlich in gewissem Umfang ein differenzierter Mensch ist. Dieses Moment der Differenziertheit müssen wir hinnehmen, auch wenn es unsere Sicht der Dinge verzerrt.

Sie sollen wissen, daß ich mir dieser Verzerrungen bewußt bin und daß nichts von dem, was ich sage, irgend etwas beweisen soll; aber vielleicht kann es diese Dinge illustrieren. Anhand zweier Beispiele möchte ich Ihnen zeigen, daß ich etwas von den *Verzerrungen* weiß. Im ersten Beispiel haben wir es mit einem schizophrenen Jungen von vier Jahren zu tun. Er wird von beiden Eltern versorgt, erfreut sich ganz besonderer Aufmerksamkeit und befindet sich, da er kein sehr schwerer Fall ist, auf dem Wege der Besserung. In meinem Sprechzimmer spielt er, daß seine Mutter ihn noch einmal zur Welt bringt. Er sitzt auf ihrem Schoß, veranlaßt sie, eine Grätschstellung einzunehmen, und rutscht an ihren Beinen hinunter auf den Fußboden; dies tut er viele Male nacheinander. Es ist ein besonderes Spiel, das mit der besonderen Beziehung zu seiner Mutter und letzten Endes damit zu tun hat, daß diese – statt Mutter zu sein – die Rolle der psychiatrischen Betreuerin eines kranken Kindes übernommen hat. In diesem Spiel steckt Symbolik; es steht in einem Zusammenhang mit all den Dingen, die ganz normale Leute auch tun; und es steht auch in einem Zusammenhang mit der Art, wie das Geborenwerden im Traum erscheint. Aber ist das nun eine direkte Erinnerung dieses Jungen an das Geborenwerden? Tatsächlich kann es das nicht sein, denn er ist durch Kaiserschnitt auf die

Welt gekommen. Was ich Ihnen hier nahebringen will, ist der Umstand, daß jeder Versuch, die Vergangenheit in unserem Patienten zu sehen, unablässig korrigiert werden muß, und ich weiß das, und dennoch – die Symbolik stimmt!

Mein zweites Beispiel ist eine hysterische Frau, die sich an ihre Geburt »erinnerte«. Sie erinnerte sich immer wieder an alle Einzelheiten, sie hatte Angstträume in diesem Zusammenhang, und in einem dieser Träume erschien der Arzt in Gehrock und Zylinder und mit seiner Tasche, und sie erinnerte sich an das, was er zu ihrer Mutter sagte. Das ist natürlich eine ganz typische hysterische Verzerrung, auch wenn es die Möglichkeit nicht ausschließt, daß diese Frau sich *auch* mit wirklichen Erinnerungen an ihre Geburt auseinanderzusetzen hatte. Diese Art Traummaterial kann hier nicht verwendet werden. Natürlich wußte die Frau als Erwachsene etwas über Geburten; überdies hatte sie mehrere Geschwister, die nach ihr geboren worden waren.

Als Gegensatz kann ich nun das Bild eines zweijährigen Mädchens präsentieren, das die Rolle seiner soeben geborenen kleinen Schwester spielte. Das Kind war dabei, in eine neue Beziehung – zu der kleinen Schwester – zu treten. Es gab da eine ganz bestimmte Sache, die wir zu tun hatten. Sie kam herein und wußte genau, was sie wollte: Sie legte mich zwischen die Spielsachen auf den Fußboden, und ich mußte »sie« sein. Dann ging sie und holte ihren Vater aus dem Wartezimmer herein (es hätte auch die Mutter sein können, aber in diesem Fall war nun einmal der Vater da). Sie setzte sich auf seinen Schoß, und von diesem Augenblick an war sie das Baby, das geboren wurde. Zu diesem Zweck hüpfte sie auf dem Schoß des Vaters herum, ließ sich dann zwischen seinen Beinen auf den Fußboden gleiten und rief: »Ich bin ein Baby!« Und dann betrachtete sie mich, und ich bekam eine Aufgabe. Ich hatte jetzt ihren Part zu spielen, verstehen Sie, und sie sagte mir mehr oder weniger, was ich dabei zu tun hatte; ich mußte sehr zornig sein, die Spielsachen durcheinanderwerfen und rufen: »Ich will keine kleine Schwester!«, und

52

so weiter, und das mußte immer und immer wieder gespielt werden. Sie sehen, es war ganz einfach für dieses kleine Mädchen, den Vorgang der Geburt zu spielen, indem es herunterglitt. Sie wiederholte das vielleicht zehnmal, bis der Vater es nicht mehr ertrug. Daraufhin ging sie dazu über, aus seinem Kopf geboren zu werden, und dagegen hatte er natürlich nicht so viel einzuwenden, denn er war Professor und ein sehr kluger Kopf.

So, und jetzt will ich mich mal wieder an die Arbeit machen und etwas zum Moro-Reflex sagen. Er ist Ihnen allen ja bekannt, und ich brauche Ihnen nicht lange zu beschreiben, daß das Kind in vorhersagbarer Weise reagiert, wenn man seinen Kopf ein wenig nach hinten fallen läßt. Hier haben Sie ein Beispiel für das, was ich als *ungenügende mütterliche Zuwendung* bezeichne und Ihnen zum Zweck der wissenschaftlichen Betrachtung isoliert vorführe: Es ist genau das, was eine Mutter mit ihrem Säugling eben *nicht* tun würde. Daß ein Arzt nicht sofort eine Ohrfeige bekommt, wenn er dem kleinen Kind so etwas antut, liegt nur daran, daß er Arzt ist, und Mütter haben bekanntlich Angst vor Ärzten. Nun wird ein einziger Moro-Reflex natürlich nicht gleich das ganze Innenleben des Säuglings durcheinanderbringen. Aber stellen Sie sich einmal vor, ein Kind hätte das Pech, eine Mutter zu haben, die ganz verrückt nach dem Moro-Reflex ist, das Kind deshalb alle zwanzig Minuten hochnimmt und seinen Kopf fallen läßt, um zu sehen, was passiert: Dieses Kind hätte keine hinreichend gute Mutter. Genau das würde eine Mutter mit ihrem kleinen Kind eben nicht anstellen. Es kann durchaus sein, daß sie ihre Gefühle für das Kind nicht in Worte fassen kann – aber wenn sie das Kind hochnimmt, dann faßt sie es sozusagen zusammen.

Jetzt möchte ich etwas zur analytischen Behandlung einer Patientin sagen. Diese Frau brauchte die starke und anhaltende Regression auf das Stadium der Abhängigkeit. Ihre Behandlung dauerte viele, viele Jahre und hat mir die einmalige Gelegenheit geboten, die Säuglingszeit zu beobachten – die Säuglingszeit, wie sie im erwachsenen Menschen erscheint. Ein Kind, an dem man den Moro-Reflex erprobt, kann nicht sagen, wie ihm geschehen ist. Aber eine Frau, die aus der tiefen Regression immer wieder auftaucht, ist ja eine erwachsene, wissende, differenzierte Person. Sie kann sprechen. Mit dieser Komplikation, daß sie eben nicht nur ein kleines Kind, sondern auch eine differenzierte Person ist, muß man sich abfinden.

In der ganz frühen Phase der emotionalen Entwicklung, in die diese Frau regrediert, ist die Vorstellung vom Selbst eine sehr einfache. Tatsächlich brauchen nur die allerersten Anfänge einer Vorstellung vom Selbst vorhanden zu sein, wenn die Mutter hinreichend gut ist, vielleicht auch noch gar keine solchen Anfänge. Das schlechte Halten (oder der Umstand, daß die Umgebung versagte, so daß es zum Moro-Reflex kam) nötigt dem Kind eine vorzeitige Bewußtheit ab, auf die es schlecht vorbereitet ist. Wenn ein solches Baby sprechen könnte, würde es sagen: »Da war ich nun und genoß eine Kontinuität des Seins. Ich hatte keine Vorstellung etwa eines auf mein Selbst zutreffenden Diagramms – aber es hätte ein Kreis sein können.« (Hier muß ich das Baby unterbrechen: Mir scheint, daß die Leute, die die Ballons herstellen, wie sie zum Beispiel am Ostermontag in den Parks verkauft werden – wir kennen das in England auch –, vergessen, daß Kinder ihre Freude gerade an der ganz einfachen Kugel haben, die den Gesetzen der Schwerkraft nicht gehorcht. Sie wollen diese Kugel nicht mit Ohren und Nasen verziert oder mit irgendwelchen Mitteilungen versehen, und so weiter.) »Ein Diagramm meiner selbst hätte ein Kreis sein können.« (Hier spricht wieder das Baby.) »Plötzlich geschahen zwei schreckliche Dinge; die Kontinuität meines Seins – alles, was ich gegenwärtig an persönlicher Integration besitze – wurde unterbrochen, und zwar dadurch unterbrochen, daß ich zwei Teile zu sein hatte, ein Körper und ein Kopf. Das neue Diagramm, das von mir zu machen ich plötzlich gezwungen war, war eines aus zwei unverbundenen Kreisen anstelle des einen Kreises, von dem ich noch nicht einmal etwas wußte, bevor diese schreckliche Sache geschah.« Das Baby versucht, eine Persönlichkeitsspaltung und zugleich die

54

vorzeitige Bewußtheit zu beschreiben, wie sie durch das Fallenlassen des Kopfes zustande kommt.

Tatsache ist, daß das kleine Kind einem seelischen Schmerz ausgesetzt war, und es ist ebendieser Seelenschmerz, den der Schizophrene als Erinnerung und Bedrohung mit sich herumschleppt und der den Suizid zu einer brauchbaren Alternative zum Leben macht.

Ich bin noch nicht fertig mit der Geschichte von meiner Patientin. Sie werden jetzt vielleicht fragen, wieso sie diesen Drang verspürt, in die Abhängigkeit zu regredieren, und auf diese Frage muß ich als erstes eine Antwort geben. Im sogenannten Borderline-Fall besteht ein Drang in Richtung auf das Fortschreiten der emotionalen Entwicklung, die angehalten worden ist. Es gibt keine Möglichkeit, sehr frühe Erfahrungen zu erinnern, es sei denn durch die erneute Erfahrung, und da diese Erfahrungen zu ihrer Zeit in höchstem Maße schmerzlich waren, weil sie nämlich kamen, als das Ich noch unorganisiert war und das mütterliche Hilfs-Ich versagte, muß dieses erneute Erfahren in einer sorgfältig vorbereiteten und erprobten Situation geschehen, also in dem vom Analytiker geschaffenen Umfeld. Es kommt hinzu, daß der Analytiker hier persönlich zugegen ist, so daß der Patient, wenn alles gutgeht, jemanden hat, den er dafür hassen kann, daß die fördernde Umwelt damals versagte, wodurch sich die Reifungsprozese verzerrten.

Im speziellen Fall dieser Patientin tauchten sehr viele Details aus der frühesten Kindheit auf, über die ich mit ihr sprechen konnte. Und mit ebendieser Patientin tat ich etwas, das in meiner Praxis sehr selten vorkommt: An einem bestimmten Punkt während der psychoanalytischen Arbeit fand ich mich zusammen mit der Patientin auf der Couch, ihren Kopf in meiner Hand. Ein solcher unmittelbarer Kontakt kommt in der psychoanalytischen Arbeit selten vor, und ich beging diese große Unart, die mit Psychoanalyse überhaupt nichts zu tun hat. Ich machte die Probe, wie es wohl wäre, wenn ich einfach ihren Kopf fallen ließe und abwartete, ob der Moro-Reflex eintreten würde. Natürlich wußte ich, was geschehen würde. Die Patientin litt schwerste seelische Qualen. Das lag daran, daß sie ja in zwei Teile gespalten war, und hier konnten wir schließlich ansetzen und in Erfahrung bringen, welche psychologische Bedeutung diese seelische Qual hatte. Am Ende konnte sie mich wissen lassen, was ihrem frühkindlichen Selbst geschehen war; sie lehrte mich, daß der Kreis in jenem Augenblick zu zwei Kreisen geworden und die Erfahrung ein Beispiel einer Persönlichkeitsspaltung war, die durch ein spezifisches Versagen der fördernden Umwelt, ein Versagen der Ich-Stärkung zustande gekommen war.

Es kommt sehr selten vor, daß ich die Möglichkeit habe, einen derartigen Test zu machen, denn schließlich lautet meine Aufgabe als Therapeut ja, solche Fehler oder Versäumnisse, die unerträglichen seelischen Schmerz verursachen, gerade nicht zu begehen. Ich kann meine Patienten nicht auf dem Altar der Wissenschaft opfern. Das Schlimme ist nur, daß man im Laufe der Zeit Fehler ganz einfach deshalb macht, weil man ein Mensch ist, und so macht man eben auch mal einen Versuch und arbeitet dann mit den Ergebnissen, so gut man kann. In diesem einen Fall machte ich den Test vorsätzlich.

An diesem Detail kann man sehen, daß der Moro-Reflex *vielleicht – oder vielleicht auch nicht* – von der Existenz eines Reflexbogens abhängt. Ich sage einfach, daß das nicht unbedingt der Fall sein muß. Es *muß* keinen neurologischen Grund geben, beziehungsweise die Reaktion kann sowohl neurophysiologischer als auch psychologischer Natur sein. Das eine kann ins andere übergehen. Hier geht es mir um den Gedanken, daß man die Psychologie nicht ignorieren kann, wenn man nach einer wirklich umfassenden Erklärung sucht.

Diese ganz ursprünglichen Seelenqualen sind nicht sehr zahlreich. Zu ihnen zählen beispielsweise das Gefühl des unaufhaltsamen Fallens, alle Arten von Desintegration sowie Dinge, die Psyche und Körper entzweien. Es ist leicht zu sehen, daß dies Dinge sind, die das Voranschreiten der emotionalen Entwicklung des Säuglings, wie es bei hinreichender mütterlicher Zuwendung stattfindet, beeinträchtigen. Bei der Schizophrenie haben wir es mit einem Zurückschreiten zu tun: Den Schizophrenen verlangt es danach, gerade mit denjenigen Prozessen in Berührung zu kommen, die das Voranschreiten in jener ganz frühen Phase, unmittelbar nach der Geburt, zunichte machen. Diese Art der Betrachtung dient sowohl dem Verständnis der Schizophrenie als auch dem Verständnis des Säuglings.

Zum Thema der Geburtserinnerungen und zu der Frage, was die Erfahrung der Geburt für das kleine Kind bedeutet, ist noch viel Forschungsarbeit zu leisten. Mir fehlt die Zeit, um diesem Problem hier nachzugehen. Aber ich möchte den Traum eines schizophrenen Mädchens erzählen, das eine schwere Geburt hatte. Zuvor allerdings muß ich von einer normalen Geburt ausgehen – psychologisch, meine ich –, bei der das psychische Trauma minimal ist. Die normale Geburt ist in der Sicht des Kindes sein eigenes Werk, weil es reif dafür ist. Dadurch, daß es sich durch den Geburtskanal gewunden und dem Verlangen zu atmen stattgegeben hat – so seine Sicht –, hat das Baby etwas unternommen und mithin die Geburt »selbst zustande gebracht«. Das ist meiner Meinung nach nicht nur normal, sondern auch das Übliche. In unserer analytischen Arbeit kommen diese glückhaften Ereignisse nicht so häufig vor wie im Bereich der Symbole, in der Imagination und im Spiel. Zur Behandlung kommt das, *was schiefgegangen ist*, und eines dieser Dinge ist Verzögerung, eine Verzögerung, die ohne Ende ist, weil das Kind sich keinen Ausweg erhoffen kann.

Und nun komme ich auf die schizophrene Patientin zu sprechen, der ich 2500 Stunden gewidmet habe. Sie hatte einen außergewöhnlich hohen IQ – ich glaube, etwa 180. Sie kam und fragte mich, ob ich ihr dazu verhelfen wolle, Selbstmord aus dem richtigen anstatt aus dem falschen Grund zu begehen. In diesem Punkt habe ich versagt. Als sie den Traum hatte, den ich gleich wiedergeben werde, war sie in einem Stadium, in dem sie ihre Geburt – mit allen Verzerrungen, mit denen eine hochintelligente erwachsene Frau dieses Geschehen versieht – erneut durchlebte. Sie hatte eine hochgradig neurotische Mutter, und es spricht einiges dafür, daß sie schon Tage vor ihrem Geburtsdatum zur Bewußtheit erweckt worden war – wenn so etwas (wie ich jedenfalls glaube) möglich ist –, weil die Mutter einen schweren Schock erlitten hatte. Bei der Geburt gab es dann Komplikationen wegen einer nicht rechtzeitig entdeckten *Placenta praevia*. Dieses Mädchen war mit dem falschen Fuß zuerst ins Leben getreten und faßte niemals darin Tritt.

Mitten in diesem ihrem neuerlichen Versuch, sich über die Wirkungen all dieser Dinge klarzuwerden, lieh sie sich von mir Ranks *Das Trauma der Geburt*. Eine weitere Komplikation, wie Sie sehen. Bei der Art von Arbeit, wie ich sie Ihnen hier schildere, muß man alle diese Komplikationen akzeptieren und zulassen. In der Nacht, nachdem sie mit dem Buch fertig geworden war, hatte sie einen Traum, der ihr hochbedeutsam erschien, und Sie werden vermutlich sehen, daß er das tatsächlich war. Derartige Träume sind das tägliche Brot des Analytikers. Wenn Sie etwas von Träumen verstehen, werden Sie erkennen, daß hier die Rede davon ist, daß sie mir – dem Analytiker – als derjenigen Person vertraut, die sie hält, das heißt ihren Fall übernommen hat und ihre Analyse durchführt. Der Traum ist zugleich eine Illustration ihrer permanent paranoiden Verfassung, ihrer Verletzlichkeit, ihrer grundsätzlichen Empfindlichkeit, gegen die sie alle denkbaren Formen der Abwehr errichtet hatte. Ein Psychoanalytiker würde jetzt darauf hinweisen, daß sehr viele Merkmale dieses Traumes zum Zeitpunkt der Geburt noch gar nicht denkbar sind. Dennoch will ich ihn hier erzählen. In ihrem Traum sah das Soeben-geboren-worden-Sein folgendermaßen aus:

Sie lag unter einem Haufen Kies. Die Oberfläche ihres ganzen Körpers war so empfindlich, daß es sich überhaupt nicht beschreiben ließ. Ihre Haut war verbrannt (womit sie sagen wollte, daß sie im höchsten Grade empfindlich und verletzlich war). Sie war überall verbrannt. Sie wußte, daß, wenn jetzt irgend jemand käme und ihr *irgend etwas* antäte, der physische und psychische Schmerz völlig unerträglich werden müßte. Die Gefahr bestand, wie sie wußte, daß Leute kommen und den Kies entfernen und Dinge mit ihr anstellen würden, um sie zu heilen, und all das war nicht auszuhalten. Mehrfach sagte sie, daß ihr ganz unerträglich zumute sei, etwa so, wie sie sich bei ihrem Selbstmordversuch gefühlt hatte. (Sie hatte bereits zwei Selbstmordversuche unternommen und nahm sich später in der Tat das Leben.) Sie sagte:»Man kann es einfach nicht länger aushalten – die schreckliche Tatsache, daß man einen Körper hat und diesen Geist, der ganz einfach zuviel gekriegt hat. Es war die Ganzheit, die Vollständigkeit der Sache, die alles so unmöglich machte. Wenn die Leute mich doch nur in Ruhe ließen; wenn sie doch nur nicht dauernd an mir dran wären.« Aber dann kam jemand und goß Öl auf den Kieshaufen, in dem sie lag. Das Öl sikkerte durch und erreichte sie und bedeckte ihre Haut. Dann blieb sie drei Wochen lang ganz ungestört, und danach ließ sich der Kies ohne Schmerzen entfernen. Zwischen den Brüsten hatte sie allerdings eine kleine wunde Stelle,»eine dreieckige Fläche, wo das Öl nicht hingekommen war – und daraus kam so etwas wie ein kleiner Penis oder Strang. Das mußte man im Auge behalten, und natürlich schmerzte es ein wenig, aber es war doch recht erträglich. Es zählte im Grunde nicht. Irgend jemand zog es dann weg.«

Ich meine, daß Ihnen dieser Traum (neben vielen anderen Dingen) vielleicht eine Vorstellung davon vermitteln kann, wie es sein muß, soeben geboren worden zu sein – auch wenn es sich dabei nicht um das handelte, was ich als eine normale Geburt bezeichnen würde, und zwar wegen der vorzeitigen Bewußtheit, die wiederum die Folge der Verzögerung der Geburt war.

Mir ist völlig klar, daß der eine oder andere unter Ihnen von dieser Betrachtung der Dinge nicht überzeugt sein wird. Aber es ging mir hier darum, auf Überlegungen hinzuweisen, von denen Sie vielleicht noch nichts gehört haben, weil sie in einer anderen Disziplin angestellt werden. Die Theorie, daß bei der

Schizophrenie die frühen Reifungsprozesse rückgängig gemacht werden, kann den Psychiater vieles lehren; sie kann meiner Meinung nach auch den Kinderarzt, den Neurologen und den Psychologen über Babys und ihre Mütter belehren.

5 Die Anfänge des Individuums
(1966)

In einem Brief vom 3. Dezember 1966 an die *Times* stellte Dr. Fisher* die Frage nach dem Beginn des individuellen Lebens erneut zur Diskussion. Zweifellos hatte er dabei die Ansicht der römisch-katholischen Kirche im Sinn, der zufolge Abtreibung Mord ist. Der wichtigste Gedanke seines Briefes lautete, daß der Augenblick, in dem der Anfang des Individuums offensichtlich wird, natürlich der Zeitpunkt der Geburt sei. Das ist ein Standpunkt, für den sich viele Befürworter finden ließen; ich meine allerdings, daß er nach einer Definition der verschiedenen Entwicklungsstufen verlangt, die die Basis einer solchen Diskussion bilden könnte.

Hier ist nun eine solche Definition, die sich in ihrer Brauchbarkeit übrigens nicht auf die genannte Diskussion beschränkt. Ich bin in diesem Zusammenhang auch zu dem Schluß gekommen, daß man lieber nicht von allzu vielen Stadien ausgehen sollte, aber sämtliche relevanten physischen und psychischen Phänomene erfassen muß.

1. *Der Gedanke an das Kind.* Kinder »beginnen« in dem Augenblick, in dem der Gedanke an sie auftaucht. Dieser Gedanke erscheint im Spiel vieler Kinder jeden Alters ab dem zweiten Lebensjahr, sowohl als Traummaterial wie auch im Rahmen vieler Beschäftigungen. Nach der Heirat stellt sich der Gedanke an ein Kind irgendwann ein. Ich brauche wohl kaum zu sagen, daß Kinder nicht allein durch gedankliche Beschäftigung entstehen, wofür sich in Charles Lambs »Dream Child« aus den *Essays of Elia*** ein trauriges Beispiel findet.

---

* Damals Erzbischof von Canterbury. (Anm. d. Hrsg.)
** Ins Deutsche übertragen von W. Föhl und H. Appeltshauser, München 1965. (Anm. d. Übers.)

2. *Empfängnis.* Dabei handelt es sich um ein physisches Faktum. Empfängnis beruht auf der Befruchtung eines Eis und darauf, daß das befruchtete Ei sich fest in der Gebärmutterschleimhaut einnistet. Außer in der Mythologie kennen wir keinen Fall von Parthenogenese. In seltenen Fällen kommt es zur Empfängnis außerhalb der Gebärmutter, in der Bauchhöhle. Psychologisch betrachtet kann die Empfängnis unterschiedlich verstanden werden – entweder führte der Gedanke an das Kind zur Empfängnis, oder aber die Empfängnis ist ein Zufall. Wahrscheinlich haben wir das Wort *normal* eher mit der Vorstellung von der Empfängnis als einem kleinen Unfall zu verknüpfen, und vermutlich wäre es sentimental, allzuviel Gewicht auf den Gedanken zu legen, daß das Kind im Zusammenhang mit einem bewußten Wunsch empfangen wurde. Es spricht in der Tat eine ganze Menge für die Theorie vom kleinen Unfall der Empfängnis, der die Eltern zunächst überrascht, ja sogar verärgert, weil mit diesem Umstand ja schließlich ein ungeheurer Einbruch in ihr Leben verbunden ist. Es ist ein Desaster, das sich nur unter günstigen Umständen in sein Gegenteil verkehrt, dann nämlich, wenn die Eltern früher oder später zu der Ansicht gelangen, daß dies genau das Desaster ist, das sie wollten.

3. *Das Gehirn als Organ.* Das nächste Stadium bleibt unbestimmt und läßt sich in Unterstadien aufteilen. Logischerweise würde sich jener Zeitpunkt zu seiner Bestimmung anbieten, von dem an eine Röteln-Erkrankung der Mutter gefährlich wäre – mit anderen Worten, die Zeit um den zweiten bis dritten Schwangerschaftsmonat, in der ein rasches Wachstum einsetzt und jene Veränderungen eintreten, die schließlich zum Vorhandensein eines Gehirns führen. Es ist ein großer Unterschied, ob man sich das Kind schon vor der Existenz eines Gehirns als ein menschliches Wesen vorstellt, oder ob man an das Kind als menschliches Wesen erst denkt, wenn das Gehirn anatomisch vorhanden ist. Von dieser Unterscheidung sehen sich diejenigen naturgemäß nicht angefochten, die den stark emotional gepräg-

ten Standpunkt vertreten, daß das menschliche Wesen seinen Anfang mit der Befruchtung des Eis nimmt, ob dieses sich nun in einem ihm gemäßen Medium einnistet oder nicht. Wenn man diese Phase in Betracht zieht, dann erhebt sich die Frage, ob ein Kind, das als Anenzephalus, also ohne Gehirn geboren wird, ein menschliches Wesen ist, und es gibt unendlich viele Möglichkeiten, über den Status von Kindern mit allen möglichen Abstufungen eines geistigen Defekts zu streiten, der auf eine fehlerhafte Entwicklung des jeweils individuellen »Computers« zurückgeht. In der Praxis zweifeln wir nicht daran, daß geistig zurückgebliebene Kinder menschliche Wesen sind, doch könnten wir auf Grade des Zurückgebliebenseins treffen, die uns wünschen ließen, es gäbe eine Kategorie der Zurückgebliebenheit, die das betroffene Kind außerhalb der Klassifizierung als menschlich plaziert. Jede Diskussion über die Frage der Existenz einer solchen Grenzlinie oder auch über die auf diese Grenzlinie bezogene Plazierung eines Kindes wird notwendig gewaltige Emotionen aufrühren.

4. *Kindsbewegungen.* Zwischen den hier unter Punkt 3 und 5 aufgeführten Phänomenen kommt die Bestätigung, daß der Fetus »lebt und strampelt«. Sie ist zwar für die Eltern wichtig, aber das Phänomen gehört insofern nicht in die hier mitgeteilte Abfolge, als es nicht konstant vorhanden ist. Es ist variabel in seinem zeitlichen Auftreten und kann sich im Zusammenhang mit jedem denkbaren Defizit in der Entwicklung des Hirngewebes ereignen.

5. *Lebensfähigkeit.* Irgendwann kann man das ungeborene Kind als lebensfähig in dem Sinne bezeichnen, daß es, wenn es vorzeitig geboren würde, eine Überlebenschance hätte. Diese Chance hängt sehr weitgehend von der Versorgung durch die Umgebung ab. Es ist vorgekommen, daß sechs Monate alte Feten geboren wurden, die bei sehr sorgfältiger ärztlicher und anderweitiger Betreuung und Pflege zu dem Zeitpunkt, zu dem sie eigentlich hätten geboren werden sollen, so etwas wie Normalität

erreichten. Über den Werdegang zu früh geborener Kinder vom Zeitpunkt ihrer Geburt an ist viel geschrieben und geforscht worden. Hier aber muß der Grundsatz gelten, daß, wenn auch nur *ein* Sechs-Monate-Kind geboren wurde, das sich gesund weiterentwickelte, wir von der Lebensfähigkeit des Kindes ab dem sechsten Monat ausgehen müssen. Vielen, die sich an der Diskussion über die Anfänge des Individuums beteiligen, wird dies als eine wichtige Etappe erscheinen.

6. *Die Psychologie tritt auf den Plan.* Irgendwann im Verlauf der Entwicklung des gesunden menschlichen Wesens tritt eine Veränderung ein, die sich nicht anders als mit der Feststellung beschreiben läßt, daß zu Anatomie und Physiologie nun die Psychologie hinzutritt. Das Gehirn als Organ ermöglicht es, Erfahrungen zu registrieren, Daten zu sammeln und mit der Einordnung und Klassifizierung der Phänomene zu beginnen. Begriffe wie *Frustration* nehmen allmählich eine Bedeutung an in dem Sinne, daß das Kind imstande ist, sich die Vorstellung zu bewahren, daß etwas erwartet, diese Erwartung aber nicht völlig erfüllt wurde.

Auf der Grundlage dieser beschreibenden Darstellung kann man sich den Anhaltspunkten für die Existenz einer individuellen Person vor der Geburt zuwenden. Dies ist mit Sicherheit ein strittiger Punkt in jeder Diskussion, aber der Psychoanalytiker ist sich aufgrund seiner klinischen Erfahrung mehr als jeder andere aufmerksame Beobachter sicher, daß das Seelenleben des Individuums nicht exakt an den Zeitpunkt der Geburt gebunden ist. Man kann sich dem Problem am einfachsten dadurch nähern, daß man den Unterschied zwischen vorzeitiger und verspäteter Geburt in Betracht zieht. Der Psychoanalytiker kann nicht anders als folgern, daß der im psychologischen Sinne richtige Geburtstermin derjenige ist, zu dem auch in physiologischer Hinsicht die Zeit dafür reif ist, daß das Kind den Schoß der Mutter verläßt. Man könnte sogar den Begriff der normalen Geburt so auffassen, daß es sich dabei um eine Geburt handelt, die aus der

Sicht des Kindes zum richtigen Zeitpunkt erfolgt – dann würde das Kind den ganzen Ablauf als normal und richtig empfinden, sofern es an ebendiesem Punkt eine bestimmte mentale Organisation erreicht hat. Es würde die Dinge allzusehr komplizieren, wollte man hier auch noch die möglichen Formen eines Geburtstraumas in Betracht ziehen – obwohl auch diese zur Erhellung dieser schwierigen Zusammenhänge beitragen. Einfacher ist es, sich an die erheblichen psychologischen Unterschiede zu halten, wie sie sich zwischen zu früh und zu spät geborenen Kindern beobachten lassen. Um es kurz zu sagen: Dem zu früh geborenen Kind erscheint der Brutkasten als die natürliche Umgebung, während für das zu spät Geborene – das möglicherweise schon frustriert und mit dem Daumen im Mund zur Welt kommt – der Brutkasten genau das Falsche wäre. Über dieses Thema wäre manches zu sagen; der wichtigste Schluß allerdings lautet, daß Dr. Fishers Bemerkung, das Individuum beginne mit der Geburt, einer Präzisierung bedarf.

7. *Geburt.* Dies ist der Augenblick, für den Fisher sich in seinem Brief entscheidet. Vielleicht bezeichnet er eher die Veränderung, die sich für die Mutter beziehungsweise für die Eltern ergibt, als die Veränderung, die das Kind damit erlebt. In physiologischer Hinsicht sind die mit der Geburt einhergehenden Veränderungen gewaltig, wie man weiß, aber das heißt nicht notwendig, daß etwas so Gewichtiges wie der Beginn des Individuums exakt an den Geburtsvorgang gekoppelt ist. Diese Vorstellung muß möglicherweise fallengelassen werden. Was für eine Hereinnahme des Geburtsvorgangs in diese Abfolge von Entwicklungsphasen und -stadien spricht, ist die immense Veränderung, die sich in der Einstellung der Eltern vollzieht: Das Kind hätte auch totgeboren oder eine Mißgeburt sein können – aber hier ist nun ihr Baby, von aller Welt als Individuum anerkannt.

8. *Ich – Nicht-Ich.* Von diesem Augenblick an kann die Physiologie sich selbst überlassen bleiben. Hierzu gehören die geneti-

schen Faktoren, die über die Reifungstendenzen des Individuums bestimmen, und etwa hinzutretende physische Krankheiten. Daß das Kind ein Individuum ist, würde auch dann nicht bezweifelt werden, wenn beispielsweise eine Hirnhautentzündung zur Verzerrung der Persönlichkeitsentwicklung führte. Das heißt, die Diskussion findet jetzt auf dem Gebiet der Psychologie statt, von der es aber zwei Arten gibt. Die akademische Psychologie, wie man sie nennen könnte, befaßt sich mit physischen Erscheinungen. Die hier relevante Psychologie hingegen befaßt sich mit den emotionalen Faktoren, sie betrifft die Entstehung der Persönlichkeit und die allmählich und in Stufen erfolgende Reise von der absoluten Abhängigkeit über die relative Abhängigkeit hin zur Unabhängigkeit. Sehr vieles hängt dabei von der Versorgung durch die Umwelt ab, weshalb man auch den Säugling oder das kleine Kind nicht beschreiben kann, ohne zugleich eine Beschreibung der Art der Versorgung zu geben, die erst ganz allmählich von der individuellen Entwicklung des Kindes zu trennen ist. Anders gesagt, die Reifungsprozesse, die auf eine höchst komplexe Weise durch die mitmenschlichen Betreuer des kleinen Kindes gefördert werden, lassen das Kind an den Punkt gelangen, an dem es wegrückt von dem, was Nicht-Ich ist, und begründet, was ICH ist. Es kommt die Zeit, da das Kind, wenn es sprechen könnte, sagen würde: ICH BIN. Ist dieser Stand einmal erreicht, dann muß – da dieses Stadium anfangs noch alterniert mit dem neuerlichen Kontakt mit der primitiveren Stufe, auf der alles vereinigt ist oder, anders ausgedrückt, aus der sich die einzelnen Elemente noch nicht herausdifferenziert haben – auf seine feste Etablierung hingearbeitet werden. Wir haben es hier mit einem ganz bestimmten Augenblick im Leben jedes Kindes zu tun – auch wenn wir ihn zeitlich nicht exakt festlegen können –, mit dem Augenblick, in dem das Kind seine individuelle Existenz begriffen hat und so etwas wie eine feste Identität nicht im Verständnis der Beobachter, sondern in seinem eigenen Verständnis besitzt. Dieser Moment ließe sich gut als derjenige bezeichnen, in dem das Individuum beginnt – aber für die religiös untermauerte Diskussion liegt er selbstverständlich zu spät.

9. *Objektivität.* Parallel zu diesen mit der Entwicklung des Individuums einhergehenden Veränderungen entwickelt sich die Fähigkeit des individuellen Kindes, allmählich die Tatsache hinzunehmen, daß es – während die innerpsychische Realität, sosehr sie auch durch die Wahrnehmung der Umwelt bereichert wird, eine persönliche Welt bleibt – in der Tat eine Umwelt und eine vom Kind aus gesehen äußere Welt gibt, die als real bezeichnet werden könnte. Die Kluft zwischen den beiden Extremen wird gemildert durch die Anpassungsbemühungen der Mutter beziehungsweise beider Eltern, der Familie und der Betreuer, und schließlich akzeptiert das Kind das Realitätsprinzip und zieht großen Nutzen aus seiner diesbezüglichen Fähigkeit. (Alle diese Dinge sind eine Frage der Entwicklung und müssen nicht notwendig etwa auch im Fall eines Kindes eintreten, das eine chaotische Versorgung durch seine Umwelt erfahren hat.) Hier haben wir es wiederum mit einem neuen Stadium zu tun, das, sobald es erreicht ist, eine eindeutige Antwort gibt auf die Frage: Ist das Kind schon ein Individuum?

10. *Moralkodex.* Mit diesen Phänomenen verknüpft ist die Ausbildung eines persönlichen Moralkodex, ein Thema, an dem Religionslehrer sehr interessiert sind. Auf der einen Seite stehen diejenigen, die kein Risiko eingehen können, sondern dem kleinen Kind von Anfang an einen Moralkodex aufzwingen müssen, auf der anderen Seite finden sich diejenigen, die alles riskieren, um es dem Individuum zu ermöglichen, einen persönlichen Moralkodex zu entwickeln. Die Kindererziehung liegt irgendwo zwischen diesen beiden extremen Positionen. Sowohl die Gesellschaft allgemein als auch die Vertreter extremer religiöser Überzeugungen müssen allerdings, wenn sie über die Anfänge des Individuums nachdenken, den Zeitpunkt berücksichtigen, von dem an ein Kind sich für seine Gedanken und Handlungen verantwortlich fühlt.

11. *Spiel und Kulturerlebnis.* Sozusagen als Belohnung für das gelungene Ineinandergreifen von Einflüssen aus der Umgebung und den ererbten Reifungsprozessen entwickelt sich ein Zwischenbereich, dem im Leben des Individuums große Bedeutung beizumessen ist. Er beginnt mit dem Spiel von jener intensiven Art, wie sie allein dem kleinen Kind eigen ist, und kann sich zu einem von höchster Kultur geprägten und erfüllten Leben entwickeln. Diese Dinge haben allerdings etwas mit Gesundheit zu tun, und man kann sie nicht als gegeben voraussetzen. Soweit sie im Leben des individuellen Kindes existieren, kann man sie als einen lebenswichtigen Teil dieses Individuums bezeichnen.

12. *Die persönlich-psychische Realität.* Im Gefolge seiner Erfahrungen und seiner Fähigkeit, Erfahrungen zu speichern, entwickelt das Individuum die weitere Fähigkeit, an ... zu glauben oder zu vertrauen. Dem unmittelbaren Angebot seiner kulturellen Umwelt entsprechend wird das Kind zum Glauben an dies oder das oder jenes geführt; Grundlage dieses Glaubens aber ist die akkumulierte Erfahrung sowohl von Fakten als auch von Träumen. Wohl sind diese Dinge im Rahmen der Betrachtung des Individuums von allerhöchster Bedeutung; für eine Erörterung der Frage nach den Anfängen des Individuums sind sie aber schon zu differenziert. Man kann allerdings annehmen, daß diejenigen, die an den Anfängen interessiert sind, auch daran interessiert sind, wohin das Individuum im Zuge seiner Entfaltung gelangt.

6 Das Baby und seine Umwelt
(1967/68)

Zu unserer Beschäftigung mit Problemen des Säuglingsalters tragen Sie* alle – jeder auf seine eigene und besondere Weise – mit den Erfahrungen bei, die Sie in Ihrem Umgang mit kleinen Kindern, durch die Beobachtung der kindlichen Entwicklung und durch die Beschäftigung mit physisch bedingten Entwicklungsstörungen gewonnen haben. Ich möchte hier allerdings über Schwierigkeiten sprechen, die nicht als Folge einer physischen Krankheit auftreten. Um mir die Dinge zu vereinfachen, muß ich davon ausgehen, daß das Kind körperlich gesund ist. Sie werden vermutlich nichts dagegen haben, wenn ich Ihre Aufmerksamkeit auf die nichtphysischen Aspekte der Säuglingsbetreuung lenke, denn schließlich haben Sie es in Ihrer Praxis ja ständig auch mit diesen Dingen zu tun, und selbstverständlich reicht Ihr Interesse über das Gebiet der nur physischen Krankheit hinaus.

Wie Sie vermutlich wissen, habe ich als Kinderarzt begonnen und bin allmählich zum Psychoanalytiker und Kinderpsychiater geworden, wobei die Tatsache, daß mich zunächst das Gebiet der physischen Krankheit interessierte, meine Arbeit sehr nachhaltig beeinflußt hat. Ich habe heute einen reichen Schatz von Erfahrungen einfach deshalb, weil ich seit fünfundvierzig Jahren praktiziere und weil sich in einem so langen Zeitraum nun einmal sehr viel Material anhäuft. Ich kann hier kaum mehr tun als auf die äußerst komplexe Theorie der emotionalen Entwicklung der individuellen menschlichen Person hinzuweisen. Schon um meiner selbst willen muß ich aber versuchen, Ihnen begreiflich zu machen, wie ich in diesen fünfundvierzig Jahren zu meinem so ausgeprägten Standpunkt gekommen bin.

---

* Winnicott hielt diese Ansprache vor der Pädiatrischen Abteilung der Royal Society of Medicine. Siehe Quellennachweis. (Anm. d. Hrsg.)

Daß sich die Ausbildung von Ärzten und Schwestern auf die medizinischen Aspekte konzentriert, hat merkwürdigerweise zwangsläufig zur Folge, daß ihr Interesse am Säugling als einem menschlichen Wesen dahinter zurückbleibt. Als ich damals anfing, war mir bewußt, daß meine natürliche Fähigkeit, mich in Kinder einzufühlen, sich nicht auf Babys erstreckte. Ich empfand das durchaus als einen Mangel und war sehr erleichtert zu sehen, daß es mir mit der Zeit dann doch gelang, mich in die Baby-Mutter- beziehungsweise die Baby-Eltern-Beziehung einzufühlen. Ich glaube, daß viele Kollegen, deren Ausbildung sich auf die physischen Aspekte konzentrierte, genau dieselbe Blockierung bei sich feststellen und hart an sich arbeiten müssen, um sich schließlich in die Schuhe des Babys stellen zu können. Mir ist klar, daß das eine recht merkwürdige Sprachfigur ist, da Kinder nun einmal nicht mit Schuhen an den Füßen geboren werden – aber Sie werden verstehen, was ich meine.

Der Kinderarzt muß wissen, wie die Dinge am Beginn des Lebens eines neuen Individuums stehen, und er muß sich über die wichtige Funktion der Eltern im klaren sein, wenn er mit ihnen spricht. Der Arzt tritt in Erscheinung, sobald ein Kind krank ist, während die Eltern ihre Bedeutung immer haben, unabhängig davon, ob das Kind krank oder gesund ist. Es bedeutet eine große Erschwernis für die Mutter und für Eltern, wenn der Arzt, den sie voller Vertrauen zu sich bitten, weil das Kind eine Lungenentzündung hat, blind für alle Anstrengungen ist, die sie in gesunden Tagen unternehmen, um den Bedürfnissen des Kindes zu genügen. Die meisten Schwierigkeiten mit der Ernährung des Babys gehen beispielsweise gar nicht auf eine Infektion oder etwa darauf zurück, daß das Kind die Milch als solche nicht verträgt. Sie haben vielmehr mit den unendlichen Schwierigkeiten der Mutter zu tun, sich auf die Bedürfnisse eines neuen Wesens einzustellen. Sie ist dabei ganz auf sich gestellt, denn kein Kind gleicht dem anderen, schon gar nicht gleicht eine Mutter der anderen, und auch die Mutter ist nie dieselbe für jedes ihrer Kinder. Die Mutter kann weder aus Büchern noch von Schwe-

70

stern noch von Ärzten lernen, was sie zu tun hat. Sie mag allerdings vieles daraus gelernt haben, daß sie selbst einmal ein kleines Kind war, daß sie andere Eltern in deren Umgang mit ihren Babys beobachtet oder sich um eigene Geschwister gekümmert hat; vor allem aber hat sie höchst wichtige Dinge daraus gelernt, daß sie als Kind Mutter und Vater gespielt hat.

Es ist richtig, daß manche Mütter in gewissem Umfang Rat und Hilfe in Büchern finden; aber es ist doch wohl so, daß wir uns – wenn eine Mutter ein Buch konsultiert oder einen anderen Menschen um Rat fragt, wenn sie also zu lernen versucht, was sie zu tun hat – schon fragen, ob sie für ihre Aufgabe eigentlich geeignet ist. Diese Dinge müssen ihr von einer tieferen Ebene zukommen und nicht unbedingt aus jener Schicht des Geistes, die Worte für alles hat. Das Wichtigste, was eine Mutter mit ihrem Baby tut, läßt sich in Worten nicht wiedergeben. Das leuchtet zwar ohne weiteres ein, aber es wird auch ebenso leicht vergessen. In meiner langen Tätigkeit habe ich viele Ärzte, Schwestern und Lehrer kennengelernt, die glaubten, sie könnten den Müttern sagen, was sie zu tun haben, und die viel Zeit darauf verwandten, den Eltern Anweisungen zu geben. Dann habe ich die gleichen Leute als Mütter und Väter wiedergesehen und lange Gespräche mit ihnen über ihre Schwierigkeiten geführt, und dabei habe ich festgestellt, daß viele von ihnen zunächst einmal vergessen mußten, was sie zu wissen glaubten und was sie sogar lehrend weitergegeben hatten. Sehr häufig stellten sie nämlich fest, daß diese Art von Wissen ihnen anfangs sehr im Weg war und sie mit dem ersten eigenen Kind gar nicht natürlich umgehen konnten. Mit der Zeit vermochten sie dann dieses unbrauchbare Wissen, das auf Worte angewiesen ist, abzulegen und sich in Ruhe auf dieses bestimmte Kind einzulassen.

Halten und Umgehen

Die fürsorgliche Beschäftigung mit dem kleinen Kind läßt sich als Halten des Kindes bezeichnen und beschreiben, zumal wenn man die Bedeutung dieses Ausdrucks kontinuierlich weiter faßt, je älter das Kind und je komplexer seine Welt wird. Übrigens kann dieser Begriff durchaus auch die Funktion der Familieneinheit abdecken, und in einem noch stärker figurativen Sinn könnte er sogar jenen Zweig der Sozialarbeit beschreiben, der als *case work* (Einzelfallhilfe) bekannt ist.

Zu Beginn allerdings ist es das physische Halten im Wortsinn, das die gute oder schlechte psychische Versorgung ausmacht. Wenn das Kind gut gehalten und wenn gut mit ihm umgegangen wird, dann fördert dies die Reifungsprozesse; schlechtes Halten hingegen bedeutet nichts anderes als die immer neue Unterbrechung dieser Prozesse aufgrund der Reaktionen des Babys auf die mangelnde Anpassung der Umgebung an seine Bedürfnisse.

Förderung heißt in diesem Zusammenhang also, daß auf die grundlegenden Bedürfnisse eingegangen wird, und das kann nun einmal nur ein menschliches Wesen leisten. Der Brutkasten ist gut und richtig für das zu früh geborene Kind; aber zum eigentlichen Geburtstermin besitzt das Baby die Reife, die nach menschlicher Zuwendung verlangt, auch wenn es natürlich schön ist, wenn die Mutter eine Wiege oder einen Kinderwagen zur Verfügung hat. Die Menschenmutter kann sich den Bedürfnissen des kleinen Kindes in diesem frühen Stadium anpassen, weil sie zu dieser Zeit kein anderes Interesse hat.

Zum Glück werden die meisten Babys die meiste Zeit über gut gehalten. So wächst ihr Vertrauen in eine freundliche Welt. Was aber noch wichtiger ist: Eben weil sie hinreichend gut gehalten werden, können sie ihre sehr rasche emotionale Entwicklung bewältigen. Die Basis der Persönlichkeit wird dann solide, wenn das Kind hinreichend gut gehalten wird. Babys erinnern sich nicht daran, gut gehalten worden zu sein – was ihnen in Erinnerung bleibt, ist die traumatische Erfahrung, nicht gut genug gehalten worden zu sein.

Mütter wissen dies alles, und es erscheint ihnen selbstverständlich. Sie fühlen sich physisch verletzt, wenn etwa irgend jemand – zum Beispiel der Arzt, der den Moro- Reflex testet – ihr Kind vor ihren Augen nicht vor einer Verletzung bewahrt.

Verletzung ist das richtige Wort, um die Wirkung des schlechten Haltens auf das Kind zu beschreiben, und man kann sagen, daß die meisten Kinder die ersten Wochen oder Monate ihres Lebens unverletzt überstehen. Wenn es aber zu einer Verletzung kommt, dann, wie ich fürchte, häufig durch Ärzte und Schwestern, die im Augenblick eben nicht in dem Maße wie die Mutter darauf aus sind, den wesentlichen Bedürfnissen des Babys zu entsprechen.

Glauben Sie mir: Diese Verletzungen zählen! In unserer Arbeit mit älteren Kindern und mit Erwachsenen sehen wir, daß sie sich zu einem Gefühl der Unsicherheit summieren. Und noch etwas anderes geschieht: Der Entwicklungsprozeß wird aufgehalten, denn die Reaktionen des Kindes auf Verletzungen zerreißen die Kontinuität seines Seins.

Die Objektbeziehung

Wenn Sie es als Kinderarzt mit dem Stillen oder der Flaschenernährung zu tun haben, dann denken Sie gewissermaßen in physiologischen Bahnen, und Ihre biochemischen Kenntnisse sind gefragt. Hier möchte ich Ihre Aufmerksamkeit jedoch auf den Umstand lenken, daß, wenn die Mutter und das kleine Kind beim Füttern zueinander finden, dies der Beginn einer zwischenmenschlichen Beziehung ist. Hier wird das Muster für die Fähigkeit des Kindes begründet, sich den Objekten und der Welt zuzuwenden.

Meine lange Erfahrung hat mir die Augen dafür geöffnet, daß die Basis dieser Beziehungsfähigkeit eines Menschen schon im Säuglingsalter gelegt wird und daß sehr wohl zählt, was ganz am Anfang des Lebens geschieht. Man macht es sich allzu einfach, wenn man nur die Reflexe gelten lassen will. Ärzte und Schwestern sollten nicht in die Falle der Meinung laufen, daß Reflexe, nur weil es sie gibt, schon alles wären.

Das Baby ist ein menschliches Wesen, wenn auch unfertig und im höchsten Grade abhängig, und ein Individuum, das Erfahrungen macht und speichert. Das ist von immenser praktischer Bedeutung für jeden, der irgendwie an der Bewältigung der frühesten Lebensphasen des Kindes teilhat. Tatsächlich könnten sehr viele Mütter ohne weiteres stillen, wenn Ärzte und Schwestern, von denen sie so abhängig sind, es hinnehmen könnten, daß nur die Mutter diese Aufgabe in der richtigen Weise angehen kann. Man kann sie darin behindern, man kann ihr aber auch dabei helfen, indem man ihr in jeder anderen Hinsicht beisteht. Lehren kann man sie dieses Geschäft nicht.

Das sind sehr subtile Dinge, die die Mutter intuitiv begreift, ohne daß sie sich über den Verstand klarmachen müßte, was vorgeht, und sie kann nur dahin gelangen, wenn man sie nicht stört und ihr in diesem begrenzten Bereich freie Hand läßt. Sie weiß zum Beispiel, daß die Voraussetzung des *Nährens* zunächst einmal das *Nichtnähren* ist.

Es ist eine Verletzung – vielleicht sollte ich sagen, eine Art Vergewaltigung –, wenn eine gehetzte Schwester dem Kind die Brustwarze der Mutter oder den Sauger der Flasche in den Mund stopft und damit einen Reflex auslöst. Keine Mutter, die man gewähren läßt, würde das tun.

Viele Kinder brauchen eine Weile, bevor sie anfangen zu suchen, und wenn sie schließlich ein Objekt finden, wollen sie gar nicht immer sofort eine Mahlzeit daraus machen. Sie wollen mit den Händen und mit dem Mund herumspielen und vielleicht mit dem Zahnfleisch dranbleiben. Dieses Spiel kann von Kind zu Kind und von Mutter zu Mutter immer wieder anders aussehen.

Das ist der Anfang – nicht gerade des Nährens, wohl aber der Hinwendung zum Objekt. Das ganze Verhältnis dieses neuen Individuums zur Welt, wie sie ist, fußt auf diesem Anfang und auf dem Muster, das sich allmählich aus dem Erlebnis dieser menschlichen Beziehung zwischen dem Baby und der Mutter entwickelt.

Das ist wiederum ein weites Feld, ein Feld, das selbst den

Philosophen angeht, da ja das Paradoxon akzeptiert werden muß, daß, was das Baby erschafft, schon da war, und daß diese Schöpfung des Babys ein Teil der Mutter ist, der nun gefunden wurde.

Aber das Entscheidende ist, daß es nicht gefunden worden wäre, hätte die Mutter sich nicht in jener ganz besonderen Verfassung befunden, in der sie sich so präsentieren konnte, daß sie mehr oder weniger im richtigen Augenblick und am richtigen Ort gefunden wurde. Das ist die Anpassung an die Bedürfnisse des Kindes, die es ihrerseits dem Kind ermöglicht, die Welt kreativ zu entdecken.

Was ist zu tun, wenn wir den Müttern in diesen Dingen nun einmal nichts beibringen können? Wir Ärzte und Schwestern können eines tun: es *vermeiden, uns einzumischen*. Es ist wirklich ganz einfach. Wir müssen wissen, was unsere Spezialität ist, und wir müssen wissen, wann und wo die Mutter unsere Hilfe tatsächlich braucht. Wenn uns dies klar ist, können wir ihr mühelos lassen, was sie und nur sie tun kann.

Bei der Behandlung älterer Kinder oder erwachsener Patienten stellen wir fest, daß die Persönlichkeitsstörungen, auf die wir treffen, sich im Grunde in vielen Fällen hätten vermeiden lassen; häufig sind sie nämlich durch den Arzt und die Schwester oder durch falsche medizinische Vorstellungen verursacht worden. Immer wieder lautet dann der Schluß: Wenn sich der Arzt oder die Schwester oder der selbsternannte Helfer nicht in diese extrem subtilen natürlichen Prozesse zwischen Mutter und Kind eingemischt hätte, dann hätten sich diese Entwicklungsstörungen möglicherweise vermeiden lassen.

Je älter das Kind wird, desto vielfältiger wird naturgemäß sein Leben. Daß die Mutter sich seinen Wünschen nun nicht mehr lückenlos anbequemt, ist in sich eine Anpassung an den Umstand, daß das Kind Frustrationen braucht, um zu reagieren, um ärgerlich zu sein und es hier und da mit Ablehnung zu versuchen, so daß das Annehmen um so bedeutsamer und aufregender wird. Im ganzen gesehen, kann man sagen, daß Mütter und Väter mit jedem neuen Kind auf sehr subtile Weise heranwachsen.

Das Kind erweist sich sehr rasch als menschliche Persönlichkeit; in Wahrheit ist es allerdings vom Augenblick seiner Geburt an ein Mensch gewesen. Je eher wir alle dies erkennen, desto besser ist es.

Lassen Sie mich jetzt noch auf einen dritten zu bewältigenden Bereich zu sprechen kommen.

Ausscheidung

Zunächst ist das kleine Kind sehr heftig mit Aufnehmen beschäftigt. Dazu gehört, daß es Objekte entdeckt, daß es sie an ihrem Aussehen und an ihrem Geruch erkennt, und daß sich die Anfänge einer Objektkonstanz entwickeln. Mit diesem Ausdruck bezeichne ich den Umstand, daß ein Objekt in sich Bedeutung erwirbt, nicht einfach als Vertreter eines Typs oder als etwas, das Befriedigung gewähren kann.

Im Zuge seiner emotionalen Entwicklung und der Reifung, die analog zur Entwicklung des Hirngewebes verläuft, kann das Kind allmählich den Ernährungskanal und den Prozeß der Nahrungsaufnahme aus größerem Abstand überblicken. Man könnte auch sagen, daß es in den ersten Wochen und Monaten seines Lebens eine Menge über das Aufnehmen gelernt und zugleich Kot und Urin ausgeschieden hat. Die Aufnahme ist durch alle möglichen äußeren Aktivitäten kompliziert worden, die mit dem Baby als Person nichts zu tun hatten.

Im Alter von sechs oder sieben Monaten ist das Baby nachweislich imstande, Aufnahme und Ausscheidung in einen Zusammenhang zu bringen. Seine Bewußtheit nimmt jetzt rasch zu, und es entwickelt ein Interesse am Innern, also an dem Bereich, der zwischen Mund und Anus existiert. Das gleiche gilt für seinen Geist; das Kind ist also in Geist und Körper zum Behälter geworden.

Von nun an gibt es zwei Arten der Ausscheidung. Die eine

wird als ungut angesehen, wir nennen sie *schlecht*, und das Kind ist auf die Mutter angewiesen, um sie loszuwerden. Die andere gilt als gut und kann den Stoff für ein Geschenk darstellen, das in einem Augenblick der Zuneigung gegeben wird. Mit diesen Empfindungen in bezug auf Körperfunktionen geht die entsprechende Entwicklung in Geist und Psyche einher.

Der Grund, weshalb Ärzte und Schwestern sich nicht einmischen sollten, wenn die Eltern ihr Kind seinen Weg hin zu dem, was wir »sauber« oder »trocken« nennen, selbst finden lassen wollen, ist, daß es eine gewisse Zeit dauert, bis das Baby mit Sicherheit zwischen dem guten und dem schlechten Material zu unterscheiden vermag und ihm klar ist, wie es das eine und das andere loswerden kann.

Die Mutter hat ein feines Gespür für das, was ihr Kind diesbezüglich fühlt, denn sie ist eine Zeitlang selbst auf diese Dinge eingestimmt. Sie hilft dem Kind, sein Schreien und Brüllen und Stampfen und seine Ausscheidungsprodukte loszuwerden, und sie steht bereit, seine Liebesgaben dann in Empfang zu nehmen, wenn sie fertig sind. Sie geht auf die Möglichkeiten des Kindes so ein, wie diese in der augenblicklichen Entwicklungsphase beschaffen sind.

Ein Sauberkeitstraining macht diese ganze subtile Kommunikation zwischen Kind und Mutter sehr viel schwieriger und verzerrt das, was soeben als Muster des Gebens und der konstruktiven Bemühung im Entstehen begriffen ist.

Noch schlimmer als die Einmischung durch strenge Sauberkeitserziehung ist das aktive und gezielte Eingreifen über anale und urethrale Manipulationen, durch Suppositorien und Einläufe. *Sie sind praktisch niemals notwendig*, und man kann es gar nicht deutlich genug sagen, daß es der betreuenden Person obliegt, die natürlichen Funktionen des Babys zu respektieren.

Natürlich gibt es Mütter und Mutterfiguren, die es nicht ertragen, der natürlichen Entwicklung ihren Lauf zu lassen, aber sie sind die Ausnahme; auf jeden Fall dürfen wir uns in unserer

Einstellung zu diesen Dingen nicht von etwas leiten lassen, das wir als unnatürlich, krank und nichtmütterlich erkennen.

Ich kann diese Zusammenhänge nur denen beweisen, die bereit sind, mir dafür sehr viel Zeit einzuräumen. Aber glauben Sie mir: Noch viel wichtiger als die *Behandlung* psychischer Störungen (mit der ich befaßt bin) ist ihre *Prophylaxe*; mit ihr kann sozusagen sofort begonnen werden, und zwar nicht, indem man Mütter lehrt, Mütter zu sein, sondern indem man den Ärzten und Schwestern begreiflich macht, daß sie sich in die empfindlichen Mechanismen, durch welche die Beziehungen zwischen Baby und Mutter zustande kommen, *nicht einmischen dürfen*.

7 Der Beitrag
der Psychoanalyse zur Geburtshilfe
(1957)

Es besteht wohl kein Zweifel daran, daß die Hebamme das notwendige Vertrauen ihrer Patientinnen deshalb genießt, weil ihr Können auf der Kenntnis physischer Zusammenhänge und Abläufe aufbaut. Ohne diese fachliche Qualifikation sind etwaige psychologische Kenntnisse der Hebamme ohne Wert, denn psychologische Einsichten nützen nun einmal nichts, wenn eine *Placenta praevia* den Geburtsvorgang kompliziert. Wenn sie die notwendigen Kenntnisse und Fertigkeiten aber besitzt, dann kann die Hebamme ohne jeden Zweifel zu einer noch bedeutsameren Figur dadurch werden, daß sie in ihrer Patientin auch den Menschen erkennt.

Der Ort der Psychoanalyse

Was hat die Psychoanalyse mit der Geburtshilfe zu tun? Hier ist zunächst einmal an die mühselige und langwierige Kleinarbeit bei der Behandlung der individuellen Patientin zu denken: Die Psychoanalyse leistet ihren Beitrag zur Klärung aller möglichen Phänomene, etwa der Menorrhagie, der wiederholten Fehlgeburt, des morgendlichen Übelseins, der primären Wehenschwäche; noch eine ganze Reihe weiterer physischer Zustände kann zumindest teilweise durch einen Konflikt im unbewußten Gefühlsleben der Patientin verursacht worden sein. Über solche psychosomatischen Störungen ist viel geschrieben worden. Mir geht es hier allerdings um einen anderen Aspekt des psychoanalytischen Beitrags: Ich möchte versuchen, den Einfluß psychoanalytischer Theorien auf die Beziehungen zwischen Arzt, Schwester und Patientin speziell in der Situation der Entbindung anzudeuten.

79

Die Psychoanalyse hat bereits für einen ganz erheblichen Wandel in der Einstellung der Hebammen gesorgt, verglichen mit dem, was vor zwanzig Jahren an der Tagesordnung war. Heute möchte die Hebamme nicht nur ihr eigentliches Fachwissen unter Beweis stellen, sondern ihrer Patientin auch als Person gerecht werden – als einer Person, die geboren wurde, ein Säugling war, Mutter und Vater gespielt hat, erschreckt war von den Dingen, die sich in der Pubertät ereigneten, mit den neuen Interessen in der Zeit der Adoleszenz experimentiert, den entscheidenden Schritt gewagt und (vielleicht) geheiratet hat und nun ein Kind erwartet, das geplant oder nicht geplant war.

Wenn die Patientin im Krankenhaus ist, dann beschäftigt sie der Gedanke, wie es sein wird, wenn sie wieder nach Hause kommt und welche Veränderungen sich durch die Geburt des Kindes in ihrem persönlichen Leben und in der Beziehung zu ihrem Mann, zu ihren Eltern und Schwiegereltern ergeben werden. Oft muß sie auch mit Schwierigkeiten in ihrer Beziehung zu ihren anderen Kindern und in deren Beziehungen untereinander rechnen.

Wenn wir in unserer Arbeit zu Personen werden, dann wird diese Arbeit sehr viel interessanter und lohnender. In unserem Zusammenhang haben wir es mit vier Personen und mit vier Standpunkten zu tun. Zunächst ist da die *Frau*, die sich in einem ganz besonderen Zustand befindet, der einer Krankheit gleicht, nur daß er normal ist. Der *Vater* ist in gewisser Hinsicht in einer ähnlichen Verfassung, und wenn er ausgeschlossen wird, dann geht vieles verloren. Das *Kind* ist schon im Augenblick seiner Geburt eine Person, und von seiner Warte aus kann alles sehr gut, aber auch sehr schlecht gehen. Und dann ist da schließlich die *Hebamme*. Sie ist nicht nur Fachkraft, sondern ein Mensch mit Gefühlen und Stimmungen, ein Mensch, der Beglückungen und Enttäuschungen erfährt; vielleicht wäre sie gerne die Mutter oder das Baby oder der Vater, oder alles nacheinander. In der Regel macht ihr ihre Rolle Freude; manchmal fühlt sie sich in dieser Rolle aber auch frustriert.

Ein ganz natürlicher Prozeß

Ein Hauptgedanke zieht sich durch alles, was ich hier zu sagen habe: daß es nämlich natürliche Prozesse sind, die hier ablaufen, und daß wir Ärzte und Schwestern unsere Arbeit nur dann gut machen, wenn wir diese natürlichen Prozesse respektieren und fördern.

Jahrtausendelang haben Mütter ihre Kinder bekommen, ohne daß eine Hebamme auf der Bildfläche erschien, und wahrscheinlich kamen die Hebammen zunächst, um irgendwelchen abergläubischen Vorstellungen zu wehren. Heute nehmen wir solchen Vorstellungen gegenüber eine wissenschaftliche Haltung ein und verweisen auf unsere objektiven Beobachtungen. Ihre moderne, wissenschaftlich fundierte Ausbildung versetzt die Hebamme in die Lage, abergläubische Praktiken abzuwehren. Und was ist mit dem Vater? Er hatte eine ganz spezifische Funktion, bevor der Arzt und der Wohlfahrtsstaat diese Funktion übernahmen: Er fühlte nicht nur mit seiner Frau, er litt nicht nur ähnliche Qualen, sondern er nahm teil, er wehrte Einmischungen von außen ab und ermöglichte es der Mutter, sich auf das eine und einzige Anliegen zu konzentrieren – auf die Fürsorge für das Kind, das da in ihrem Körper und später in ihren Armen lag.

Die veränderte Einstellung gegenüber dem Neugeborenen

In der Einstellung gegenüber dem Neugeborenen ist ein Wandel eingetreten. Die Eltern haben, wie ich meine, in ihrem Kind von jeher eine Person gesehen, sie haben mehr in ihm gesehen, als da war – nämlich einen kleinen Mann oder eine kleine Frau. Die Wissenschaft hat dies zunächst zurückgewiesen und betont, daß das kleine Kind kein kleiner Erwachsener sei, ja, lange Zeit hindurch wurde ein Baby von objektiven Beobachtern kaum als ein Mensch angesehen, bevor es zu sprechen begann. Inzwischen hat man allerdings erkannt, daß Babys tatsächlich Menschen sind, wenn auch entsprechend kindliche Menschen. Die Psychoanalyse hat dargelegt, daß selbst die Geburt als solche das Kind nicht unberührt läßt und aus der Sicht des Kindes normal oder auch nicht normal verlaufen kann. Möglicherweise wird jedes Detail (so wie das Kind es erlebt) im kindlichen Geist festgehalten, und dieser Umstand zeigt sich in unserem Vergnügen an Spielen oder Betätigungen, die die verschiedenen Elemente der Erfahrung des Kindes symbolisieren – am Drehen, am Fallen, am Wechsel vom nassen Element »aufs Trockene«, von der immer gleichen Temperatur zu dem Gebot, sich an wechselnde Temperaturen zu gewöhnen, von der Versorgung durch eine Art Pipeline zur aktiven Bemühung um Luft und Nahrung.

Die gesunde Mutter

Was die Einstellung der Hebamme zur Mutter des Kindes angeht, so kann es Schwierigkeiten mit der Diagnose geben. (Ich meine hier nicht die Diagnose des körperlichen Zustandes, die der Schwester und dem Arzt überlassen bleiben muß, und auch nicht irgendwelche physischen Abnormitäten; mir geht es um gesund und nicht gesund im psychiatrischen Sinne.) Fangen wir am normalen Ende des Spektrums an.

Hier ist die Patientin keine Patientin im Wortsinn, sondern eine rundum gesunde und reife Person, die wichtige Entscheidungen sehr wohl selbst zu treffen vermag und möglicherweise erwachsener ist als die Hebamme, die bei ihr ist. Sie befindet sich nur zufällig, nämlich wegen ihrer augenblicklichen Situation, im Zustand der Abhängigkeit. Sie begibt sich vorübergehend in die Obhut einer anderen Person, und daß ihr dies gelingt, ist schon in sich ein Zeichen von Gesundheit und Reife. In diesem Fall respektiert die Hebamme diese Selbständigkeit der Mutter so lange wie möglich und selbst noch während der Wehen, wenn die Entbindung leicht und normal verläuft. Ebenso akzeptiert sie die vollständige Abhängigkeit und Unselbständigkeit so mancher anderen Mutter, die durch die Erfahrung der

Entbindung nur hindurchfindet, indem sie die Kontrolle uneingeschränkt derjenigen Person überläßt, die ihr beistehen soll.

Die Beziehung zwischen Mutter, Arzt und Schwester

Die gesunde Mutter ist reif und erwachsen, und vermutlich ist dies der Grund, weshalb sie die Kontrolle nicht einfach einer Schwester oder einem Arzt überlassen kann, die sie nicht kennt. Sie muß sie zunächst einmal kennenlernen, und das ist der wichtige Punkt in der Zeit vor der Entbindung. Entweder vertraut sie diesen Personen und verzeiht ihnen dann sogar, wenn sie einen Fehler begehen; oder aber sie vertraut ihnen nicht, und in diesem Fall hat sie nichts von dieser ganzen Erfahrung; sie fürchtet sich, die Kontrolle aus der Hand zu geben, und versucht, allein zurechtzukommen, oder sie fürchtet sich sogar vor ihrem Zustand. Sie wird diese Personen dann für alles verantwortlich machen, was schiefgeht, ob sie es nun verschuldet haben oder nicht. Und sie hat sogar recht damit, wenn die anderen ihr keine Gelegenheit gegeben haben, sie kennenzulernen.

Daß die Mutter, der Arzt und die Schwester einander kennenlernen und während der Schwangerschaft möglichst ständig Kontakt miteinander halten, ist meiner Meinung nach ganz besonders wichtig. Wenn das nicht zu erreichen ist, dann muß zumindest ein zuverlässiger Kontakt zu derjenigen Person gegeben sein, die bei der Geburt zugegen sein soll, und dies entsprechend lange vor dem voraussichtlichen Entbindungstermin.

Ein Krankenhaus, von dem die Frau nicht beizeiten erfahren kann, welcher Arzt und welche Schwester ihr bei der Entbindung beistehen werden, taugt nichts, und wäre es die modernste, bestausgestattete, sterilste und schickste Klinik im ganzen Land. Es sind diese Gründe, die eine Mutter unter Umständen dazu veranlassen, zu Hause zu entbinden, unter dem Beistand ihres Hausarztes, und nur dann auf die Möglichkeiten des Krankenhauses zurückzugreifen, wenn dies dringend notwendig ist. Ich persönlich meine, daß man eine Mutter unbedingt in ihrer

Absicht, zu Hause zu entbinden, unterstützen muß, und ich würde es außerordentlich bedauern, wenn über dem Bemühen, eine ideale medizinische und körperliche Versorgung zu gewährleisten, die Hausentbindung eines Tages als nicht mehr praktikabel gälte.

Die Mutter sollte über die Wehen und die eigentliche Entbindung in aller Ausführlichkeit durch diejenige Person belehrt werden, der sie ihr Vertrauen geschenkt hat, und das heißt nicht zuletzt, daß man ihr die erschreckenden und falschen Vorstellungen nimmt, die sich möglicherweise bei ihr festgesetzt haben. Gerade die gesunde Frau braucht diese Belehrung am dringendsten und kann sie sich in der besten Weise zunutze machen.

Trifft es denn etwa nicht zu, daß die gesunde und reife Frau, die ein gutes Verhältnis zu ihrem Mann und ihrer Familie hat, im Augenblick der Entbindung auf den reichen Erfahrungsschatz der Hebamme angewiesen ist? Sie braucht die Gegenwart der Hebamme, die zum richtigen Zeitpunkt in der richtigen Art zu helfen weiß. Zugleich aber ist sie in der Gewalt natürlicher Kräfte und einem Vorgang unterworfen, der so automatisch abläuft wie Nahrungsaufnahme, -verarbeitung und -ausscheidung, und je mehr man diesen Vorgang der Natur überlassen kann, desto besser ist es für Mutter und Kind.

Eine meiner Patientinnen, Mutter zweier Kinder, die soeben dabei ist, aus einer sehr mühseligen Behandlung wieder aufzutauchen, in deren Verlauf sie noch einmal von vorn beginnen mußte, um sich vom Einfluß ihrer schwierigen Mutter auf die eigene Entwicklung frei zu machen, schrieb mir folgendes: ». . . selbst wenn eine Frau emotional sozusagen reif ist – der ganze Vorgang der Wehen und der Entbindung läßt doch so viele Kontrollen zusammenbrechen, daß es der uneingeschränkten Fürsorge, Aufmerksamkeit, Ermunterung und Vertrautheit der einen Person bedarf, die sich um sie kümmert, so wie das Kind einer Mutter bedarf, die es durch (all) die neuen und großen Erfahrungen hindurchbegleitet, die es im Laufe seiner Entwicklung macht.«

Dennoch: So natürlich der Vorgang der Geburt auch ist, eines wird man wohl kaum vergessen dürfen – die Tatsache, daß der menschliche Säugling einen absurd großen Kopf hat.

Die nicht gesunde Mutter

Den Gegensatz zur gesunden, reifen Frau, die sich in die Obhut der Hebamme begibt, bildet die kranke, das heißt emotional unreife Frau, diejenige, die nicht auf den Part eingestellt ist, den die Frau in der Komischen Oper, welche die Natur mit uns aufführt, zu übernehmen hat, und schließlich auch die depressive, ängstliche, mißtrauische oder ganz einfach verwirrte Frau. In solchen Fällen muß die Hebamme eine Diagnose zu stellen wissen, und damit haben wir noch einen weiteren Grund, weshalb sie ihre Patientin kennen sollte, bevor diese in die besondere und unbehagliche Phase der späten Schwangerschaft eintritt. Die Hebamme muß selbstverständlich in der Diagnose psychiatrischer Fälle unterwiesen worden sein, so daß sie die Gesunden auch wirklich als Gesunde behandeln kann. Natürlich braucht die unreife oder in anderer Weise nicht gesunde Mutter die Hilfe – und zwar eine besondere Art der Hilfe – derjenigen Person, die für ihr Wohlbefinden verantwortlich ist: Wo die normale Frau Belehrung braucht, muß die nicht gesunde Frau beruhigt und besänftigt werden. Die kranke Mutter kann die Geduld der Schwester strapazieren und zu einem regelrechten Ärgernis werden; vielleicht muß man ihr sogar Zwang antun, wenn sie durchdreht. Aber das ist eine Frage des gesunden Urteilsvermögens, des abgewogenen Reagierens oder des überlegten Nichtreagierens.

Wenn die Eltern gesund sind – und das ist die Regel –, dann ist die Hebamme die bestellte Fachkraft und empfindet Genugtuung darüber, daß sie eben die Hilfe leisten kann, die zu leisten sie bestellt wurde. Wenn die Mutter dagegen in irgendeiner Weise krank ist und sich nicht wie ein erwachsener Mensch zu verhalten versteht, dann ist die Hebamme die Schwester, die in der Behandlung dieser Patientin mit dem Arzt zusammenarbeitet – ihr Arbeitgeber ist die Institution, die Krankenhausabteilung. Es wäre eine schlimme Entwicklung, wenn das natürliche Vorgehen, das nicht an Krankheit, sondern am Leben orientiert ist, eines Tages von dieser Anpassung an das kranke Element verdrängt würde.

Selbstverständlich gibt es viele Patientinnen, die irgendwo zwischen den beiden Extremen anzusiedeln sind, die ich hier der Anschaulichkeit wegen skizziert habe. Es geht mir hier besonders um den Gedanken, daß die Hebamme – auch wenn sich viele Mütter hysterisch, theatralisch oder selbstzerstörerisch gebärden – das gesunde Element und die emotionale Reife unbeirrt zu ihrem Recht kommen lassen sollte. Hysterie, Theatralik oder Destruktivität sollten sie nicht dazu verleiten, alle ihre Patientinnen als kindisch zu betrachten. Tatsächlich sind die meisten nämlich durchaus imstande, ihre Angelegenheiten selbst zu regeln, bis auf jene spezifischen Dinge, die sie nun einmal der Hebamme überlassen müssen. Denn die Besten sind gesund; es sind die Gesunden unter den Müttern und Ehefrauen (und Hebammen), die mehr als nur tüchtig sind, weil sie nämlich noch ein positives Element zu jener Routine hinzufügen, deren Erfolg einzig im Ausschließen von Pannen besteht.

Mutter und Kind nach der Entbindung

Wenden wir uns jetzt dem Umgang mit der Mutter nach der Entbindung zu, der Mutter in ihrer allerfrühesten Beziehung zum Neugeborenen. Wie ist es möglich, daß Mütter, denen man die Gelegenheit gibt, sich frei zu äußern und zu erinnern, dies so häufig in der nachstehend wiedergegebenen Weise tun? (Ich zitiere ein Fallbeispiel, das mir ein Kollege zur Verfügung stellte, aber auch ich habe immer wieder die gleichen Klagen hören müssen.)

Seine Geburt verlief normal, und die Eltern hatten dieses Kind gewollt. Offensichtlich konnte er unmittelbar nach der Geburt ganz normal saugen, wurde aber in den ersten

36 Stunden nicht an die Brust gelegt. Als dies schließlich geschah, machte er Schwierigkeiten und war schläfrig, und während der folgenden zwei Wochen war die Stillsituation unbefriedigend. Die Mutter sagte, die Schwestern seien uninteressiert und ließen das Kind nicht lange genug bei ihr. Sie brachten den Mund des Kindes mit Gewalt an ihre Brust, hielten ihm das Kinn fest, um es zum Saugen zu bewegen, und drückten ihm die Nase zu, um es wieder von der Brust nehmen zu können. Zu Hause kam sie dann ohne Schwierigkeiten mit dem Stillen zurecht.

Ich weiß nicht, ob den Schwestern solche Klagen von Müttern bekannt sind. Vielleicht haben sie nie Gelegenheit, derartige Bemerkungen zu hören, und natürlich wird sich eine Mutter ohnehin nicht so rasch bei der Person beklagen, der sie doch vieles verdankt. Auch darf ich nicht annehmen, daß das, was die Mütter mir sagen, nun das wirkliche Bild wiedergibt. Ich muß damit rechnen, daß hier auch die Phantasie am Werk ist; das ist ja auch ganz in Ordnung, denn wir sind nun einmal keine Bündel von Tatsachen, und es ist die Gesamtheit unserer Erfahrungen, wie sie sich uns darstellen und mit unseren Wunschvorstellungen vermischen, die unser Leben und unser individuelles Erleben ausmachen.

Die sensible postnatale Situation

Für den Psychoanalytiker ist ganz deutlich zu erkennen, daß eine Mutter, die soeben ihr Kind zur Welt gebracht hat, in einem sehr labilen Zustand ist und in den ersten zwei Wochen nach der Entbindung nur allzu leicht glaubt, es gebe da eine Frau, die sie schikaniert. Meiner Ansicht nach ist eine entsprechende Tendenz auch bei der Hebamme in Betracht zu ziehen, die sich in dieser Phase gern dominierend gibt. Gewiß fallen häufig beide Erscheinungen zusammen: eine Mutter, die sich drangsaliert fühlt, und eine Hebamme, die vorgeht, als ob sie von Furcht und nicht von freundlichen Gefühlen angespornt würde.

Diesen Schwierigkeiten wird zu Hause oft in der Weise begegnet, daß die Mutter die Schwester wegschickt, was für alle Beteiligten unangenehm ist. Schlimmer noch ist allerdings der andere Fall, in dem die Hebamme den Sieg davonträgt und die Mutter sich ihr widerspruchslos fügt – dann kann sich keine stabile Beziehung zwischen dem Baby und der Mutter entwickeln.

Ich finde kaum Worte, um auszudrücken, welche gewaltigen Kräfte an diesem kritischen Punkt am Werk sind; ich kann aber wenigstens versuchen zu erklären, was hier vorgeht. Es geschieht etwas höchst Seltsames: Die Mutter, die vielleicht körperlich erschöpft ist, möglicherweise an Inkontinenz leidet und von der qualifizierten Betreuung durch Schwester und Arzt in vielfältiger Weise abhängig ist – diese Mutter ist zugleich die einzige Person, die ihrem Kind die Welt in einer ihm verständlichen Weise nahebringen kann. Sie weiß, wie sie das tun muß, und zwar nicht, weil sie darauf vorbereitet wurde oder weil sie klug ist, sondern einfach deshalb, weil sie die natürliche Mutter ist. Aber ihre natürlichen Instinkte können sich nicht entfalten, wenn man sie verschreckt hat, wenn sie das Kind nach der Geburt nicht zu sehen bekommt, oder wenn es ihr nur dann zum Füttern gebracht wird, wenn die Autoritäten dies für gut und richtig halten. So geht es nun einmal nicht. Die Milch fließt nicht wie ein Ausscheidungsprodukt; der Milchfluß ist die Reaktion auf einen Reiz, und der Reiz ist der Anblick und Geruch des Babys, der Hautkontakt mit ihm und sein Schreien, das von seinem Bedürfnis spricht. Es gehört alles zusammen: die Zuwendung und Fürsorge der Mutter für das Kind und das periodische Nähren, das sich wie ein Verkehrsmittel zwischen den beiden entwickelt – ein Lied ohne Worte.

Zwei widersprüchliche Eigenschaften

Das heißt also, wir haben es mit einer im hohen Maße abhängigen Person, der Mutter, und in dieser Person zugleich auch mit einer *Expertin* zu tun – soweit es nämlich darum geht, das Stillen in Gang kommen zu lassen und mit dem ganzen Getriebe um das Neugeborene fertigzuwerden. Mancher Schwester fällt es schwer, diese beiden entgegengesetzten Eigenschaften der Mutter hinzunehmen, und folglich verfährt sie in bezug auf das Stillen ebenso, wie sie im Fall einer Verstopfung versuchen würde, einen Stuhlgang zu bewirken. Sie versucht das Unmögliche. Viele Eßstörungen beginnen genau so; und auch wenn dann schließlich mit der Flaschenernährung begonnen wird, bleibt dies in gewisser Weise ein separater Vorgang, der dem Kind widerfährt und nicht eigentlich in die Gesamtheit der Säuglingspflege eingebunden ist. Ich versuche in meiner Arbeit immer, solchen Fehlentwicklungen Einhalt zu gebieten, die in den ersten Lebenstagen und -wochen einsetzen können, weil die Schwester nicht begriffen hat, daß sie zwar in ihrem Beruf etwas kann und weiß, daß es aber nicht ihre Aufgabe ist, eine Beziehung zwischen dem Säugling und der Brust der Mutter aufzubauen.

Ich habe schon gesagt, daß auch die Hebamme Gefühle hat; möglicherweise kann sie es nicht mit ansehen, wie das Kind an der Brust Zeit verliert. Am liebsten würde sie dem Baby die Brust in den Mund stopfen oder umgekehrt, und das Kind reagiert auf solche Versuche mit Rückzugsverhalten.

Etwas anderes kommt hinzu: Fast immer hat die Mutter ein wenig – oder auch sehr stark – das Gefühl, sie habe das Kind ihrer eigenen Mutter weggenommen. Das kommt von ihrem einstigen Vater-und-Mutter-Spiel und von den Träumen aus einer Zeit, da sie noch ein recht kleines Mädchen und der Vater ihr Schönheitsideal war. Und so kann leicht der Eindruck entstehen – und in einigen Fällen *muß* er entstehen –, die Schwester sei die rächende Mutter und komme, ihr das Kind nun ihrerseits wieder wegzunehmen. Die Schwester braucht insoweit nichts zu unternehmen; allerdings ist es sehr hilfreich, wenn sie es vermeidet, der Mutter das Kind tatsächlich wegzunehmen – die Mutter also gerade dieses natürlichen Kontaktes zu berauben – und es ihr nur zur Fütterungszeit, in ein Tuch gehüllt, zu präsentieren. Das ist nicht das moderne Vorgehen, aber bis vor kurzem war es noch ganz üblich.

Die Träume, Phantasien und Gedankenspiele, die hinter diesen Schwierigkeiten liegen, sind auch dann vorhanden, wenn die Schwester es der Mutter durch ihr Vorgehen möglich macht, ihren Realitätssinn wiederzugewinnen, was üblicherweise innerhalb weniger Tage oder Wochen gelingt. Das heißt, die Schwester muß hin und wieder eben doch damit rechnen, als Peinigerin betrachtet zu werden, auch wenn sie dies nicht ist, ja, selbst wenn sie ganz außergewöhnlich verständnisvoll und tolerant ist. Es gehört zu ihrem Beruf, diese Dinge hinzunehmen. Am Ende wird die Mutter sich in aller Regel erholt haben und die Schwester wieder so sehen, wie sie ist – als die Schwester, die zu verstehen sucht, die aber auch nur ein Mensch ist und deren Toleranz mithin irgendwo ihre Grenzen hat.

Möglich ist auch, daß es der Mutter – vor allem, wenn sie selbst ein wenig unreif ist oder als Kind ein gewisses Maß an Deprivation erfahren hat – sehr schwer fällt, sich aus der Betreuung durch die Schwester zu lösen und nun, allein gelassen, ihr Kind so zu betreuen und zu versorgen, wie sie selbst betreut und versorgt werden möchte. In solchen Fällen kann es also nach der Trennung von einer guten Schwester sehr reale Schwierigkeiten geben.

Ich habe hier darzustellen versucht, inwiefern die Psychoanalyse, so wie ich sie verstehe, in bezug auf die Geburtshilfe (wie übrigens rund um alle menschlichen Beziehungen) dafür sorgt, daß die Betroffenen einander besser verstehen und den individuellen Rechten mehr Platz einräumen. Unsere Gesellschaft braucht die Techniker auch in der Krankenpflege und -betreuung, aber diese Techniker müssen sich hier, wo es ja um Menschen und nicht um Maschinen geht, auch dafür interessieren, wie das Leben der Menschen aussieht, was in ihren Phantasien geschieht, und daß und wie sie an ihren Erfahrungen wachsen.

8 Die Abhängigkeit des Kindes
(1970)

Es ist notwendig und lohnend, sich des *Faktums* der Abhängigkeit bewußt zu sein. Abhängigkeit ist real. Daß Babys und Kinder nicht allein zurechtkommen, liegt so offen zutage, daß die schlichten *Tatsachen* im Zusammenhang mit dieser Abhängigkeit nur allzu leicht übersehen werden.

Man könnte die Geschichte des aufwachsenden Kindes als eine kontinuierliche Bewegung ansehen, ein stetiges Vorantasten von der absoluten Abhängigkeit über die stufenweise nachlassende Abhängigkeit bis hin zur Unabhängigkeit. Das reife Kind beziehungsweise der Erwachsene erfreut sich einer Form der Unabhängigkeit, die in glücklicher Kombination steht mit allen möglichen Bedürfnissen und auch mit Liebe, die deutlich sichtbar wird, wenn ein Verlust einen Zustand der Trauer bewirkt.

Für die Zeit vor der Geburt des Kindes ist seine absolute Abhängigkeit im wesentlichen als eine physische zu verstehen. Die letzten Wochen, die das Kind noch im Schoß der Mutter verbringt, fördern vor allem seine körperliche Entwicklung und schaffen im Geist des noch ungeborenen Kindes, der natürlich in dieser frühen Phase in seiner Funktionsfähigkeit noch sehr eingeschränkt ist, weil das Gehirn noch nicht voll entwickelt ist, allmählich Raum für die allerersten Anfänge eines Gefühls von Sicherheit (oder von Unsicherheit). Desgleichen besteht ein variables Maß an Bewußtheit vor und während der Geburt, je nachdem, in welcher Verfassung die Mutter sich befindet und wieweit es ihr gelingt, sich den beunruhigenden, bedrohlichen und dabei in aller doch Regel doch lohnenden Schmerzen der letzten Phase ihrer Schwangerschaft zu überlassen.

Babys sind zu Beginn ihres Lebens äußerst abhängige Geschöpfe, und so hat zwangsläufig alles, was geschieht, eine Auswirkung auf sie. Ihre Situation ist ihnen nicht in der Weise verständlich, wie sie es uns wäre, wenn wir uns in einer vergleichbaren Lage befänden, immerhin aber machen sie ständig Erfahrungen, die sich in ihrem Gedächtnis summieren und ihnen entweder *Vertrauen* in die Welt einflößen oder aber *kein Vertrauen* entstehen lassen, sondern das Gefühl, wie ein Korken im Meer zu treiben und ein Spielball der Umstände zu sein. Im Extremfall eines Versagens der Umgebung stellt sich ein Gefühl der Unvorhersagbarkeit ein.

Das, was dem Kind letztlich das Gefühl der Vorhersagbarkeit vermittelt, hat mit der Anpassung der Mutter an seine Bedürfnisse zu tun. Es handelt sich dabei um einen höchst komplexen und in Worten schwer zu beschreibenden Vorgang. Die Anpassung an die Bedürfnisse des Babys kann gut oder hinreichend gut nur von einer Mutter geleistet werden, die sich vorübergehend der fürsorglichen Betreuung ihres Kindes mit ihrer ganzen Person verschrieben hat. Sie kann nicht dadurch geleistet werden, daß die Mutter sich nach Kräften bemüht oder Bücher zu diesem Thema befragt. Die Anpassungsfähigkeit ist Teil jenes besonderen Zustandes, in dem die meisten Mütter sich nun einmal am Ende der neun Monate befinden, ein Zustand, in dem sie ganz natürlich auf das, was für sie jetzt das Zentrale ist, das Kind, ausgerichtet sind; sie wissen, wie das Kind sich fühlt.

Es gibt Mütter, die diesen Zustand beim ersten Kind nicht erreichen, und solche, die ihn bei einem ihrer weiteren Kinder aus irgendeinem Grund nicht erreichen, obwohl es, wie sie genau wissen, mit einem früheren Kind gelungen ist. Hiergegen ist ganz einfach nichts zu machen. Niemand kann immer und ausnahmslos Erfolg haben. Und in der Regel ist jemand verfügbar, der bieten kann, was gebraucht wird – vielleicht der Vater, vielleicht eine Großmutter oder Tante –, wenn die Mutter mit diesem einen Kind nun einmal »nicht so kann«. In der Regel aber »kann sie«, wenn sie selbst sich einigermaßen sicher fühlt, und dann (vielleicht nach ein paar Minuten oder auch ein paar Stunden, in denen sie das Gefühl hatte, das Kind abzulehnen) *weiß* die Mutter – ohne alles verstehen zu müssen –, wie sie auf die Bedürfnisse des Kindes einzugehen hat. Sie hatte ja genau die gleichen Bedürfnisse, als sie selbst ein Baby war. Sie erinnert sich zwar nicht daran, aber Erfahrung geht ja niemals verloren, und auf irgendeine Weise – durch ein feines, auf die Person des Kindes ausgerichtetes Gespür – gelingt es ihr, sich auf die Abhängigkeit dieses neuen Wesens einzustellen.

Theoretische Kenntnisse sind hier keineswegs notwendig, und seit Jahrmillionen kommen die Mütter dieser Aufgabe mit Freude und auch in befriedigender Weise nach. Wenn ein gewisses theoretisches Verständnis zu dieser natürlichen Befähigung hinzutritt – um so besser, zumal wenn die Mutter ihr Recht, die Dinge selbst in die Hand zu nehmen und (natürlich) auch Fehler zu machen, verteidigen muß. Die wohlmeinenden Helfer – darunter auch Ärzte und Schwestern, auf die sie im Notfall angewiesen ist – können nicht so wie die Mutter (nach ihrer neunmonatigen Lehrzeit) wissen, was das Baby in diesem Augenblick am dringendsten braucht und wie man auf dieses unmittelbare Bedürfnis am besten eingehen kann. Solche Bedürfnisse können alle möglichen Formen annehmen und erschöpfen sich nicht in periodischen Hungeranfällen. Ich will gar nicht erst anfangen, Beispiele anzuführen; im Grunde brauchte man nämlich einen Dichter, um in Worte zu fassen, was in so unendlich variierter Form auftreten kann. Immerhin – ein paar Hinweise können dem Leser vielleicht eine Vorstellung davon vermitteln, was sich hinter den Bedürfnissen eines abhängigen kleinen Kindes alles verbergen kann.

Zunächst sind da die physischen Bedürfnisse. Das Kind möchte vielleicht aufgenommen und auf die andere Seite gelegt werden. Es möchte es wärmer haben, oder es möchte nicht so fest eingepackt sein, damit es loswerden kann, was es ausschwitzt. Oder es will weicher liegen, vielleicht auf etwas Wollenem. Oder es hat Schmerzen, vielleicht eine Kolik, und muß ein paar Augenblicke lang auf der Schulter herumgetragen werden. Auch Gefüttertwerden gehört natürlich zu diesen physischen Bedürfnissen.

Daß man das Kind vor massiv störenden Eindrücken bewahren muß, dürfte selbstverständlich sein. So sollte kein tieffliegendes Flugzeug über seine Wiege hinwegdonnern, und die Sonne darf ihm nicht direkt in die Augen scheinen. Ferner gibt es Bedürfnisse von sehr subtiler Art, die nur durch Kontakte mit anderen Menschen befriedigt werden können. Das Baby braucht vielleicht die Einbeziehung in den Atemrhythmus der Mutter, es muß vielleicht den Herzschlag einer erwachsenen Person hören oder spüren. Oder es will den Geruch von Mutter oder Vater; oder es verlangt nach Geräuschen, die auf Geschäftigkeit und Leben in seiner Umgebung deuten, oder nach Farben und Bewegungen – damit es nicht sich selbst überlassen bleibt, wo es doch noch zu jung und unreif ist, um die volle Verantwortung für sein Dasein zu tragen.

Hinter diesen Bedürfnissen verbirgt sich der Umstand, daß kleine Kinder die schwersten Ängste empfinden können, die man sich nur vorstellen kann. Läßt man sie zu lange (für Stunden, Minuten) ohne den vertrauten menschlichen Kontakt, dann haben sie Erfahrungen, die sich nur beschreiben lassen als

das Gefühl des Zusammenbrechens,

das Gefühl des unaufhaltsamen Fallens,

das Gefühl des anhaltenden Sterbens,

das Gefühl, daß Kontakt niemals wieder möglich sein wird.

Die meisten kleinen Kinder durchleben diese frühen Phasen der Abhängigkeit allerdings, ohne jemals solche Erfahrungen zu machen. Das ist deshalb möglich, weil ihre Abhängigkeit erkannt und verstanden wird und ihre fundamentalen Bedürfnisse befriedigt werden, und weil die Mutter oder Mutterfigur ihre ganze Lebensweise an diese Bedürfnisse anpaßt.

Bei guter Zuwendung und Fürsorge wandeln sich solche erschreckenden Gefühle in gute Erfahrungen, die sich ihrerseits summieren, so daß am Ende Vertrauen in die Welt und die Menschen zustande kommt. Das Zusammenbrechen beispielsweise wird zur Entspannung und Beruhigung, wenn das Kind in guten Händen ist; das unaufhaltsame Fallen wird zur Lust am Getragenwerden und zur freudigen Erregung beim Bewegtwerden; das anhaltende Sterben verkehrt sich in das genußvolle Wissen um die eigene Lebendigkeit, und der Verlust der Hoffnung auf zukünftige Beziehungen wandelt sich, wenn der Abhängigkeit mit Konstanz entsprochen wird, zu dem beruhigenden Gefühl, daß da jemand ist, der hegt und umsorgt, auch wenn das Kind im Augenblick allein ist.

Die meisten Babys werden hinreichend gut umsorgt und – was noch wichtiger ist – empfangen diese ständige Fürsorge von ein und derselben Figur, so daß sie schließlich eine Person mit Freude erkennen und ihr vertrauen, die ihnen, weil sie ihnen zugeneigt ist, als verläßliche und hingebungsvolle Gestalt erscheint.

Auf der Grundlage dieser Erfahrung, daß seine Abhängigkeit verstanden und aufgefangen wird, kann das Baby allmählich auf Forderungen eingehen, wie sie die Mutter und die weitere Umgebung früher oder später ihrerseits dem Kind gegenüber erheben müssen.

Aber es gibt auch das Gegenteil: Das eine oder andere Kind muß erleben, daß seine Umgebung versagt, während es doch faktisch von dieser Umgebung abhängig ist, wodurch ein Schaden von unterschiedlichem Ausmaß entsteht, dessen Behebung schwierig sein kann. Im besten Fall wird das heranwachsende Kind und später der erwachsene Mensch eine verschüttete Erinnerung daran mit sich herumtragen, daß seinem Selbst ein Unheil zugestoßen ist, und es wird diesen Menschen viel Zeit und Kraft kosten, sein Leben so zu gestalten, daß ein derartiger Schmerz nicht ein weiteres Mal erfahren wird.

Im schlimmsten Fall aber ist die Entwicklung des Kindes als Person für immer verzerrt und seine Persönlichkeit dadurch deformiert oder sein Wesen verbogen. Dann tauchen Symptome auf, die wahrscheinlich als Unarten angesehen werden, und das Kind hat unter denjenigen zu leiden, die der Meinung sind, mit Strafen oder Besserungsmaßnahmen etwas in Ordnung bringen zu können, das in Wahrheit die tiefsitzende Folge eines frühen

Versagens der Umgebung ist. Oder es wird eine geistige Störung diagnostiziert und das Kind wegen einer Abweichung behandelt, die man hätte verhindern können und müssen.

Erfreulich ist in diesem ganzen, durchaus ernst zu nehmenden Zusammenhang, daß den meisten Babys solche schmerzlichen Erfahrungen erspart bleiben, so daß sie ihre Zeit und Kraft nicht darauf verwenden müssen, eine Festung um sich zu errichten, um einen Feind fernzuhalten, der in Wahrheit doch innerhalb der Festungsmauern sitzt.

Der Umstand, daß die meisten kleinen Kinder von ihren Müttern, von den Vätern und der weiteren Familie gewollt und geliebt werden, schafft den Rahmen, innerhalb dessen sie zu Individuen werden können, das heißt zu Menschen, die nicht nur ihr Geschick erfüllen, indem sie den ererbten Bahnen folgen (soweit die äußeren Realitäten dies gestatten), sondern die auch in der Lage sind, sich mit anderen Menschen, mit Tieren und Gegenständen ihrer Umgebung und mit der fortbestehenden menschlichen Gemeinschaft zu identifizieren.

Daß dies in aller Regel möglich ist, liegt hauptsächlich daran, daß die Abhängigkeit des Kindes, die zunächst eine absolute ist und sich allmählich und tastend zur Unabhängigkeit wandelt, als Faktum anerkannt und von Menschen aufgefangen wird, die sich den Bedürfnissen des heranwachsenden Individuums vorbehaltlos anpassen, weil sie eine Verbundenheit mit ihm spüren, die wir am besten als Liebe bezeichnen.

9 Die Kommunikation zwischen Baby und Mutter und zwischen Mutter und Baby Vergleich und Gegenüberstellung

(1968)

Im ersten Beitrag dieser Vortragsreihe hat Dr. Sandler über die Psychoanalyse ganz allgemein gesprochen. Die nächsten beiden Vorträge werden sich mit der unbewußten Kommunikation zwischen Eltern und Kindern und zwischen Ehepartnern befassen. In meinem Beitrag geht es um die Kommunikation zwischen Baby und Mutter.

Sie werden bemerkt haben, daß das Wort *unbewußt* im Titel meines Vortrags nicht vorkommt.* Dafür gibt es einen einleuchtenden Grund. Das Wort *unbewußt* wäre nämlich nur in bezug auf die Mutter am Platz. Für das Kind existiert in dem Bereich, mit dem ich mich beschäftigen möchte, so etwas wie Bewußtsein und Unbewußtes noch nicht. Noch haben wir es ja mit nicht mehr zu tun als mit einem Armvoll Anatomie und Physiologie, ausgestattet mit einem Potential zur Entwicklung hin zur menschlichen Persönlichkeit. Es besteht eine allgemeine Tendenz in Richtung des physischen Wachstums und eine Tendenz in Richtung der psycho-somatischen Partnerschaft innerhalb des psychischen Bereichs; sowohl im physischen als auch im psychischen Bereich bestehen gewisse ererbte Tendenzen, die – auf seiten der Psyche – schließlich zur Integration oder zur Erlangung der Ganzheit führen. Alle Theorien über die Entwicklung der menschlichen Persönlichkeit legen Kontinuität zugrunde, jene Grundlinie des Lebens, die vermutlich schon vor

---

* Siehe im Quellennachweis die vorbereitenden Notizen zu diesem Aufsatz. (Anm. d. Hrsg.)

97

der Geburt des Kindes beginnt; eine Kontinuität, die in sich die Vorstellung davon trägt, daß nichts, was einmal zur Erfahrung eines Individuums gehörte, verloren ist oder jemals verlorengehen kann, selbst wenn es dem Bewußtsein des betreffenden Individuums auf die unterschiedlichste Weise unzugänglich wird.

Wenn das ererbte Potential die Chance der Verwirklichung haben soll in dem Sinne, daß es sich in der individuellen Person manifestiert, dann bedarf es der adäquaten Versorgung durch die Umwelt. Der Begriff der »hinreichend guten Versorgung durch die Mutter« bietet sich als nüchterne Kennzeichnung dessen an, was die mütterliche Funktion umfaßt; zugleich sollten wir das Konzept der absoluten Abhängigkeit (des Babys von seiner Umgebung) im Sinn behalten, die rasch zur relativen Abhängigkeit wird und immer weiter zur Unabhängigkeit hin fortschreitet (die allerdings niemals erreicht wird). Unabhängigkeit heißt soviel wie Autonomie; der Mensch wird lebensfähig als Person und ebenso im physischen Sinne (eine separate Einheit).

Dieses Schema des sich entwickelnden menschlichen Wesens berücksichtigt das Faktum, daß das Baby zu Beginn noch nicht zwischen NICHT-ICH und ICH differenziert, so daß im speziellen Kontext der frühen Beziehungen das Verhalten der Umgebung ebensosehr ein Teil des Babys ist wie sein Verhalten, das aus den ererbten Strebungen des Babys nach Integration und Autonomie erwächst sowie aus dem Streben nach Objektbeziehungen und danach, zu einer befriedigenden psycho-somatischen Partnerschaft zu gelangen.*

Der unsicherste Teil dieses Komplexes, den wir als das Baby bezeichnen, ist dessen kumulative Lebenserfahrung. Es ist in der Tat von Belang, ob ich als Kind eines Beduinen geboren werde, dort also, wo der Sand heiß ist, oder als Kind eines politi-

---

* Manche Leute erstaunt es zu hören, die angeborenen Tendenzen des Kindes seien externe Faktoren, doch sind sie für die Person des Kindes so eindeutig extern wie die Fähigkeit der Mutter, eine hinreichend gute Mutter zu sein, oder wie der Umstand, daß die Mutter sich wegen ihrer depressiven Stimmung in dem, was sie tut, behindert sieht.

schen Gefangenen in Sibirien oder auch eines Kaufmanns, der im feuchten, aber schönen Westen Englands lebt. Ich kann ein sogenannter Kleinbürger, ein uneheliches Kind, ein Einzelkind, ein ältestes Kind, das mittlere von fünf Geschwistern, der dritte von vier Brüdern sein. All das zählt, und all das gehört zu mir. Wie Valdar der Oft-Geborene kann ein Kind mit einem bestimmten ererbten Potential auf jede mögliche Weise geboren werden, aber von dem Moment an, in dem es in die Welt eintritt, *macht* und sammelt *es Erfahrungen* entsprechend demjenigen Punkt in Zeit und Raum, an dem dieser Eintritt in die Welt sich vollzieht. Selbst das Geborenwerden ist belangvoll: Einmal geschah es, während die Mutter kauerte, und in diesem Fall zog die Schwerkraft das Kind ins Zentrum der Welt; ein anderes Mal befand sich die Mutter in unnatürlicher Rückenlage, gleichsam für eine Operation vorbereitet, und mußte pressen wie beim Stuhlgang, denn die Schwerkraft zog das Kind nur zur Seite. Bei einer anderen Geburt war die Mutter das Pressen leid, entwickelte eine Wehenschwäche und schob alles auf bis zum folgenden Morgen. Sie hatte einen guten Schlaf; das Kind aber, schon auf das Auftauchen vorbereitet, mußte ewig warten. Das hatte schlimme Folgen – es blieb sein Leben lang klaustrophob und konnte ungeplante Pausen zwischen Ereignissen nicht ertragen.

Man kann es wohl so sagen, daß vom Beginn des individuellen Lebens an eine bestimmte Art der Kommunikation mit Macht einsetzt und daß, wie auch immer das *Potential* beschaffen ist, diese *nun vorhandene* und *erfahrende* Einheit, die zur Person wird, sich in einer prekären Situation befindet: Die Entwicklung kann an jedem beliebigen Punkt aufgehalten oder verzerrt werden, ja, sie kann sich möglicherweise niemals manifestieren; in der Tat ist die Abhängigkeit zunächst einmal absolut.

Sie werden bemerkt haben, daß ich Sie an einen Ort entführe, an dem Worte keine Bedeutung haben. Welche Zusammenhänge können dann also zwischen allen diesen Dingen und der Psychoanalyse bestehen, die doch auf dem Prozeß der verbalen Interpretation verbalisierter Gedanken und Vorstellungen aufbaut?

Um es kurz zu sagen: Ich denke, die Psychoanalyse mußte auf der Basis der Worte beginnen, und sie ist als Methode genau richtig für die Behandlung eines Patienten, der weder schizoid noch psychotisch ist, das heißt eines Patienten, dessen frühe Erfahrungen als selbstverständlich hingenommen werden können. In der Regel bezeichnen wir solche Patienten als psychoneurotisch, um klarzustellen, daß sie nicht deshalb zur Analyse kommen, weil sehr frühe Erfahrungen korrigiert werden müßten oder weil sie in bezug auf die allerfrühesten Erfahrungen zu kurz gekommen wären. Psychoneurotische Patienten haben die frühen Erfahrungen vielmehr hinreichend gut hinter sich gebracht, mit der Folge, daß sie das Privileg haben, an persönlichen inneren Konflikten und an der Lästigkeit der Abwehrmechanismen zu leiden, deren wichtigster die Verdrängung ist und die sie aufbauen mußten, um mit ihren triebbedingten Ängsten fertigzuwerden. Diesen Patienten macht die Arbeit zu schaffen, die sie leisten müssen, um das verdrängte Unbewußte verdrängt zu halten, und sie finden Erleichterung in den neuen und einfacheren Erfahrungen der analytischen Behandlung. Hierbei handelt es sich um Erfahrungen, die sie selbst sorgfältig von Tag zu Tag (natürlich nicht bewußt) auswählen, um sich ihnen im Rahmen der Übertragungsneurose auszusetzen.

Dagegen tauchen die ganz frühen Phänomene als primäre Merkmale auf zweierlei Weise im Zuge unserer analytischen Erkundungen auf: zum einen in den schizoiden Phasen, die jeden Patienten treffen können, oder im Rahmen der Behandlung von Menschen, die tatsächlich schizoid sind (das ist hier und heute nicht mein Thema); zum anderen durch die Beschäftigung mit den tatsächlichen frühen Erfahrungen – also mit den Erfahrungen des Babys, dessen Geburt unmittelbar bevorsteht, das soeben geboren wird, das nach der Geburt gehalten und in den ersten Wochen und Monaten betreut und versorgt und mit dem kommuniziert wird, lange bevor Verbalisierung auch nur irgend etwas bedeutet.

Was ich hier vorhabe, das ist also ein Blick nur auf diese eine

Sache, auf die frühen Lebenserfahrungen jedes Babys, und zwar unter dem Aspekt der Kommunikation.

Meiner Hypothese zufolge ist das Kind anfangs absolut abhängig, und die Umgebung spielt wirklich eine wichtige Rolle. Wie ist es dann möglich, daß so ein Kind durch diese hochkomplexen frühen Entwicklungsphasen hindurchkommt? Es besteht kein Zweifel, daß das Kind nicht zur Person werden kann, wenn es nur eine nichtmenschliche Umgebung vorfindet; selbst die beste Maschine könnte niemals leisten, was dazu nötig ist. Nein, es braucht einen Menschen, und Menschen sind nun mal menschlich – das heißt, nicht vollkommen – und besitzen nicht die Zuverlässigkeit der Maschine. Daß das Kind sich die nichtmenschliche Umwelt zunutze macht, ist nur möglich, wenn es sich zuvor die menschliche Umwelt zunutze gemacht hat.

Wie also können wir die nächste Phase beschreiben, die Lebenserfahrung des Kindes, das sich im Zustand absoluter Abhängigkeit befindet?

Wir können einen spezifischen Zustand der Mutter* postulieren – einen psychiatrischen Zustand in der Art von Rückzug oder Konzentration –, der sie (wenn sie gesund ist) gegen Ende ihrer Schwangerschaft kennzeichnet und der nach der Entbindung noch einige Wochen oder Monate anhält. (Ich habe mich darüber schriftlich geäußert, und ich habe diesem Phänomen auch einen Namen gegeben – und zwar *primäre Mütterlichkeit.*)**

Mütter (oder auch Mutter-Ersatzfiguren) sind imstande, diesen Zustand zu erreichen, und es mag ihnen helfen, wenn man ihnen sagt, daß er nur eine Zeitlang anhält und sie sich wieder davon erholen. Manche Frauen fürchten diesen Zustand nämlich auch und glauben, er mache sie zu einer Art Futterpflanze, mit

---

* Wenn ich von der Mutter spreche, schließe ich den Vater nicht aus, aber auf dieser Stufe interessiert uns der mütterliche Aspekt des Vaters.
** (1956); in: *Collected Papers: Through Paediatrics to Psychoanalysis*, London (Tavistock Publications) 1958, New York (Basic Books) 1958. Deutsch: *Von der Kinderheilkunde zur Psychoanalyse*, München 1976.

der Folge, daß sie einer Karriere nachlaufen, als ginge es um ihr Leben, und sich niemals auch nur vorübergehend wirklich mit ihrer ganzen Person auf das Kind einstellen.

Befindet sich eine Mutter aber in diesem Zustand, so ist sie rasch dabei, sich die Schuhe des Babys anzuziehen, womit ich sagen will, daß sie sich so gut wie ganz in der Identifizierung mit dem Baby verliert und daher weiß (generell, wenn nicht speziell), was das Kind in ebendiesem Augenblick will und braucht. Zugleich aber bleibt sie selbstverständlich sie selbst, und es ist ihr klar, daß sie in diesem Zustand verletzlich und mithin schutzbedürftig ist. Sie übernimmt sozusagen die Verletzlichkeit des Kindes, weiß aber auch, daß sie sich im Laufe weniger Monate aus diesem besonderen Zustand wieder wird lösen können.

Wir müssen davon ausgehen, daß Babys in aller Welt früher und heute in eine hinreichend gute menschliche Umwelt hineingeboren wurden und werden, das heißt in eine Umwelt, die sich den Bedürfnissen des Kindes in genau der richtigen Weise anpaßt. Das absolut abhängige Kind trifft also in aller Regel auf optimale Bedingungen; doch ein gewisser Prozentsatz von Kindern findet diese optimalen Bedingungen eben *nicht* vor. Und solche Kinder, die nicht in der beschriebenen Weise hinreichend versorgt werden, verwirklichen sich nicht, nicht einmal als Babys. Die Gene sind eben nicht alles.

Ohne dieses Thema weiterverfolgen zu wollen, muß ich noch auf eine weitere Komplikation zu sprechen kommen, die mir bei der Entwicklung meiner Gedanken im Wege steht. Sie betrifft den fundamentalen Unterschied zwischen der Mutter und dem Kind.

Die Mutter ist natürlich selbst einmal ein Baby gewesen. Es steckt alles noch in ihr – jene Ansammlung von Erfahrungen, die frühe Abhängigkeit und das allmähliche Hinfinden zur Autonomie. Ferner hat sie Baby *gespielt*, so wie sie auch Vater und Mutter gespielt hat; sie ist auf baby-gemäße Verhaltensweisen regrediert, wenn sie krank war; sie hat vielleicht gesehen, wie ihre Mutter mit ihren jüngeren Geschwistern umging. Sie ist mög-

102

licherweise über die Pflege und Versorgung eines Babys belehrt worden, hat einschlägige Bücher gelesen und sich vielleicht ihre eigenen Gedanken darüber gemacht, was im Umgang mit einem Baby richtig und was falsch ist. Und selbstverständlich wird sie stark davon beeinflußt, wie diese Dinge in ihrer örtlichen Umgebung gehandhabt werden, sie wird sich fügen oder widersetzen, sich vielleicht sogar als Unabhängige oder als Pionierin aufführen.

Das Baby hingegen ist niemals Mutter gewesen, und es ist auch nicht früher einmal ein Baby gewesen. Alles ist *eine erste Erfahrung*. Es gibt noch keine Maßstäbe. Die Zeit bemißt sich nicht nach der Uhr oder nach Sonnenauf- und -untergang, sondern vielmehr nach dem mütterlichen Herzschlag und Atemrhythmus, nach dem Anstieg und Abfall der Triebspannungen und nach anderen nichtmechanischen Vorgaben.

Wenn man also über die Kommunikation zwischen Baby und Mutter sprechen möchte, dann hat man es mit dieser grundlegenden Dichotomie zu tun – die Mutter kann sich sozusagen klein machen und in frühkindliche Formen der Erfahrung zurückversetzen, das Kind aber kann nicht mit einem Schlag zur erwachsenen Differenziertheit finden. Die Mutter kann also mit dem Kind sprechen, sie kann es aber auch lassen – es spielt keine Rolle, die Sprache ist nicht wichtig.

An dieser Stelle werden Sie vermutlich etwas über die Modulationen hören wollen, die ja auch noch das gehobenste Sprechen kennzeichnen: Ein Analytiker ist bei der Arbeit, wie man so sagt, der Patient äußert sich, und der Analytiker interpretiert. Hier geht es aber nicht nur um verbale Kommunikation. Der Analytiker spürt, daß ein bestimmter Trend, der sich in dem Material, das der Patient präsentiert, abzeichnet, danach verlangt, in Worte gefaßt zu werden. Es hängt viel davon ab, wie der Analytiker seine Worte wählt, welche Einstellung also hinter seinen Interpretationen steht. Eine im Augenblick besonders aufgewühlte Patientin grub mir einmal ihre Fingernägel in die Hand. Meine Interpretation lautete »Au!«. Dazu bedurfte es wahrlich keiner großen intellektuellen Anstrengung, und es war recht nützlich, da es *sofort* kam (und nicht erst nach einer Pause, in der ich nachgedacht hätte) und der Patientin zeigte, daß meine Hand lebendig, daß sie ein Teil von mir war, und daß ich hier zur Verfügung stand und benutzt werden konnte. Ich könnte auch sagen: Wenn ich überlebe, dann kann man mich benutzen.

Auch wenn die psychoanalytische Behandlung von Patienten, die sich dafür eignen, auf verbalen Äußerungen beruht, so weiß doch jeder Analytiker, daß neben dem Inhalt der Interpretationen auch die Einstellung wichtig ist, die hinter den Worten steht, und daß diese Einstellung sich in den Nuancen, im zeitlichen Ablauf und in tausend kleinen Dingen widerspiegelt, vergleichbar der unendlichen Vielfalt der Poesie.

Die nichtmoralistische Haltung beispielsweise, die der Psychotherapie und jeder sozialen Arbeit zugrunde liegt, kommt nicht in Worten zum Ausdruck, sondern in der nichtmoralistischen Art des Therapeuten. Sie ist das positive Gegenstück zu jenem Varieté-Lied, dessen Refrain lautet:»Es ist ja nicht das, was sie sagt – sie sagt es nur so böse.«

Bezogen auf den Umgang mit dem Baby heißt das: Wenn der Mutter danach zumute ist, kann sie eine moralistische Einstellung erkennen lassen, lange bevor Worte wie »böse« dem Kind irgend etwas bedeuten. Vielleicht macht es ihr Spaß, freundlich zu sagen:»Zum Teufel mit dir, du kleiner Scheißkerl«, weil sie sich dann erleichtert fühlt und das Kind zurücklächelt, erfreut darüber, daß es angeplappert wurde. Oder was halten Sie davon – das ist noch subtiler –:»Hushabye baby on the tree tops«? Das ist zwar vom Inhalt her nicht besonders nett, aber doch ein hübsches Wiegenlied.*

Die Mutter kann ihrem Baby, das noch keine Sprache hat, sogar den folgenden Inhalt begreiflich machen:»Gott soll dich strafen, wenn du dich gleich wieder schmutzig machst, wo ich dich

---

* Es handelt sich um ein Drohlied an die Adresse James II., das seinen Sturz in der Glorious Revolution 1688 ankündigte. (Anm. d. Übers.)

doch eben erst frisch gewickelt habe!«, oder auch das ganz andere »Das kannst du einfach nicht machen!«, in dem der unterschiedliche Willen und die beiden Persönlichkeiten aufeinanderprallen.

Was also wird kommuniziert, wenn die Mutter sich den Bedürfnissen des Kindes anpaßt? Ich komme jetzt auf das Konzept des *Haltens* zu sprechen. Wir haben mit dem Begriff des *Haltens* eine wunderbar griffige Formel zur Beschreibung des Rahmens, innerhalb dessen die wichtigen Kommunikationen zu Beginn des Lebens des kleinen Kindes vor sich gehen. Wenn ich mich an diese Linie halte, den Begriff des Haltens also in dieser Weise nutze, dann haben wir es mit zwei Vorgängen zu tun – die Mutter hält das Kind, und das Kind wird gehalten und durchschreitet rasch eine Reihe von Entwicklungsphasen, die von größter Bedeutung dafür sind, daß es sich als Person etabliert. *Die Mutter muß nicht notwendig wissen, was in dem Kind vorgeht.* Aber die Entwicklung des Kindes kann nur im Wechselspiel mit jener menschlichen Verläßlichkeit vor sich gehen, wie sie sich im Halten des Kindes und im Umgehen mit ihm äußert. *

Wir können uns nun mit dem pathologischen oder auch mit dem normalen Gang der Dinge beschäftigen, und da sie einfacher ist, wähle ich die zweite Möglichkeit.

Die Fähigkeit der Mutter, den sich wandelnden und entwikkelnden Bedürfnissen· dieses bestimmten Kindes zu entsprechen, ermöglicht wiederum eine relativ ungebrochene Lebenslinie dieses Kindes, und sie versetzt das Baby in die Lage, im Vertrauen auf das tatsächlich gewährte Halten sowohl Zustände der Nichtintegration oder der Entspannung als auch immer wiederkehrende Phasen der Integration, wie sie in den ererbten Reifungstendenzen beschlossen ist, zu erfahren. Das Kind wan-

---

* »The Theory of Parent-Infant Relationship« (1960); in: *The Maturational Processes and the Facilitating Environment*, London (Hogarth Press and the Institute of Psychoanalysis) 1965. Deutsch: »Die Theorie von der Beziehung zwischen Mutter und Kind«, in: *Reifungsprozesse und fördernde Umwelt*, München 1974.

dert mühelos zwischen Integration und der entspannten Nicht-integration hin und her, und die Anhäufung dieser Erfahrungen wird zu einem Muster und bildet so die Basis für das, was das Kind erwartet. Es glaubt nun an die Verläßlichkeit der inneren Prozesse, die zur Integration in eine Einheit führen.*

Mit fortschreitender Entwicklung, wenn das Baby schließlich ein Innen und ein Außen erworben hat, wird auch die Verläßlichkeit der Umgebung zu einer Überzeugung, einer Introjektion, die auf der *Erfahrung von* (menschlicher, nicht mechanisch-perfekter) *Zuverlässigkeit* beruht.

Stimmt es etwa nicht, daß die Mutter mit dem Baby kommuniziert hat? Sie hat gesagt:»Ich bin verläßlich – nicht weil ich eine Maschine bin, sondern weil ich weiß, was du jeweils brauchst; ich sorge für dich, und ich möchte geben, was du brauchst. Das ist es, was ich auf dieser Stufe deiner Entwicklung als Liebe bezeichne.«

Aber diese Art der Kommunikation geschieht im stillen. Das Baby hört oder registriert nicht die Mitteilung, sondern nur die Wirkungen der Verläßlichkeit, und zwar in Form seiner fortschreitenden Entwicklung. Das Baby weiß nichts von der Kommunikation, es sei denn durch die Auswirkungen *ausbleibender* Verläßlichkeit. Genau hier kommt der Unterschied zwischen mechanischer Perfektion und menschlicher Zuneigung ins Spiel. Menschen sind immer wieder fehlbar; und die Mutter macht eben durch ihre hinreichende Fürsorge auch ihre Versäumnisse immer von neuem gut. Diese relativen Versäumnisse werden in Verbindung mit ihrer sofortigen Wiedergutmachung schließlich zur Kommunikation, so daß das Kind allmählich die Erfahrung des Gelingens macht. Gelungene Anpassung bewirkt ein Gefühl der Sicherheit, das Gefühl, mit Zuneigung bedacht worden zu

* »Primitive Emotional Development« (1945); in: *Collected Papers: Through Paediatrics to Psychoanalysis*, London (Tavistock Publications) 1958, New York (Basic Books) 1958. Deutsch: »Die primitive Gefühlsentwicklung«, in: *Von der Kinderheilkunde zur Psychoanalyse*, München 1976.

sein. Als Analytiker wissen wir diese Dinge, denn wir versagen ständig, und wir erwarten und bekommen Ärger. Wenn wir überleben, werden wir benutzt. Es sind die unzähligen Versäumnisse und in ihrem Gefolge die wiedergutmachende Fürsorge, die miteinander zur Kommunikation von Liebe werden, zur Vermittlung der Tatsache, daß da ein menschliches Wesen ist, für das man wichtig ist und das sich um einen kümmert. Wenn Versäumnisse nicht innerhalb der gebotenen Zeitspanne – Sekunden, Minuten, Stunden – wiedergutgemacht werden, sprechen wir von *Deprivation*. Ein depriviertes Kind ist ein Kind, das – nachdem es erfahren hat, daß Versäumnisse wiedergutgemacht wurden – nun die Erfahrung macht, daß auf ein Versäumnis keine Wiedergutmachung folgt. Seine Lebensarbeit besteht dann darin, Bedingungen entstehen zu lassen, unter denen nun wiederum wiedergutgemachte Versäumnisse das Lebensmuster bilden.

Sie werden verstehen, daß diese Tausende von relativen Versäumnissen, wie sie im normalen Leben nun einmal vorkommen, nicht zu vergleichen sind mit groben Versäumnissen in der Anpassung – diese bewirken keinen Zorn, denn das Kind ist noch nicht so weit organisiert, daß es wegen irgend etwas zornig sein könnte; Zorn bedeutet ja, daß es das inzwischen erschütterte Ideal in seinem Geist zu bewahren vermag. Diese groben Versäumnisse im Bereich des Haltens bewirken vielmehr *unvorstellbare Ängste*, die empfunden werden als:

1. Zusammenbrechen,
2. unaufhaltsames Fallen,
3. vollständige Isolation, weil es keine Möglichkeit der Kommunikation gibt,
4. Zerstörung der Einheit von Psyche und Soma.

Das sind die Folgen der *Entbehrung*, eines nicht wiedergutgemachten Versagens der Umgebung.

(Sie werden bemerkt haben, daß ich keine Zeit hatte, über die mit Hilfe des Intellekts bewirkte Kommunikation zu sprechen, nicht einmal, soweit es den rudimentären Intellekt des Babys

betrifft; ich muß mich mit diesen Hinweisen auf die psychische
Seite der psychosomatischen Partnerschaft begnügen.)
  Es ist nicht möglich, sich ein *grobes* Versagen in der Anpassung als eine Form der Kommunikation vorzustellen. Wir brauchen einem Baby nicht beizubringen, daß die Dinge schrecklich
falsch laufen können. Wenn sie falsch laufen und nicht sehr rasch
in Ordnung gebracht werden, dann hat das einen fortdauernden
schädigenden Einfluß auf das Kind, seine Entwicklung ist verzerrt, und die Kommunikation bricht zusammen.

Weiterführende Überlegungen

Ich habe nun wohl genug gesagt, um Sie auf die stillschweigende
frühe Kommunikation in ihrer elementaren Form aufmerksam
zu machen. Jetzt will ich noch einige Richtlinien nennen.
  a) Das lebendige Moment in der Kommunikation zwischen
Mutter und Baby wird auf besondere Weise gewahrt. Da sind
die Bewegung, die mit der Atemtätigkeit der Mutter einhergeht, die Wärme ihres Atems, ja auch ihr Geruch, der sehr
stark variiert. Da ist ferner das Geräusch ihres Herzschlags,
ein Geräusch, das dem Kind wohlbekannt ist.
Eine Illustration dieses elementaren physischen Kommunizierens haben wir in der wiegenden Bewegung, mit der sich
die Mutter den Schaukelbewegungen des Kindes anpaßt. Das
Wiegen und Schaukeln ist ein sicheres Mittel gegen die Depersonalisation oder den Verlust der psychosomatischen
Partnerschaft. Sind die Kinder nicht verschieden, was ihren
Schaukelrhythmus angeht? Könnte es nicht sein, daß die
Mutter den Rhythmus des Kindes als zu rasch oder zu langsam empfindet, um sich ihm natürlich und eben nicht künstlich anpassen zu können? Um diese Phänomene zu beschreiben, könnte man sagen, daß Kommunikation hier in der
Form der Wechselseitigkeit der physischen Erfahrung erfolgt.
  b) Dann gibt es da noch das Spielen. Ich meine nicht fröhliche
Unterhaltung und Spiele oder Scherze. Das Wechselspiel

zwischen Mutter und Baby erschafft einen Bereich, den wir auch als ihren gemeinsamen Boden bezeichnen könnten, eine Art Spielwiese, ein Niemandsland, das Jedermannsland ist, der Ort des Geheimnisses, der potentielle Raum, der zum Übergangsobjekt werden kann*, das Symbol des Vertrauens und der Verbundenheit von Kind und Mutter, einer Verbundenheit, die nicht gegenseitige Durchdringung bedeutet. Also: nicht zu vergessen das Spielen, innerhalb dessen Zuneigung und die Freude an der Erfahrung aufkommen.

c) Ferner wäre vieles zu sagen, was mit der Benutzung des mütterlichen Gesichts durch das Baby zu tun hat. Man kann im Gesicht der Mutter den Prototyp des gläsernen Spiegels erkennen. Im Gesicht der Mutter sieht das Baby sich selbst. Wenn die Mutter niedergeschlagen oder mit ihren Gedanken anderweitig beschäftigt ist, dann sieht das Kind nichts weiter als eben ein Gesicht.**

d) Von hier und von diesen stillschweigenden Kommunikationen aus können wir uns der Frage nähern, wie die Mutter dasjenige zur Realität macht, was das Baby zu suchen bereit ist, wie sie dem Baby also eine Vorstellung davon vermittelt, was es denn ist, das es jetzt gerade will. Das Kind sagt (ohne Worte natürlich):»Ich würde jetzt eigentlich sehr gerne . . .«, und in ebendiesem Augenblick kommt die Mutter vorbei und dreht das Kind um, oder sie bringt, was zum Füttern gebraucht wird, und nun kann das Kind seinen Satz beenden: ». . . umgedreht werden, die Brust, den Sauger, Milch haben«

* »Transitional Objects and Transitional Phenomena« (1951); in: *Collected Papers: Through Paediatrics to Psychoanalysis*, London (Tavistock Publications) 1958, New York (Basic Books) 1958. Deutsch:»Übergangsobjekte und Übergangsphänomene«, in: *Von der Kinderheilkunde zur Psychoanalyse*, München 1976.

** »Mirror-role of Mother and Family in Child Development« (1967); in: *Playing and Reality*, London (Tavistock Publications) 1971. Deutsch:»Die Spiegelfunktion von Mutter und Familie in der kindlichen Entwicklung«, in: *Vom Spiel zur Kreativität*, Stuttgart 1973.

usw., usw. Wir müssen einräumen, daß das Baby die Brust erschaffen hat, dies aber nicht hätte tun können, wäre die Mutter nicht in ebendiesem Moment mit der Brust vorbeigekommen. Die Kommunikation an die Adresse des Kindes lautet: »Komm schöpferisch in die Welt, erschaffe die Welt; nur was du erschaffst, hat Bedeutung für dich.« Das Nächste ist dann: »Du hast die Welt unter Kontrolle.« Aus dieser anfänglichen *Erfahrung seiner Allmacht* heraus ist das Kind nun fähig, auch Frustration zu erfahren und eines Tages sogar an dem der Allmacht entgegengesetzten Ende des Spektrums anzukommen, das heißt, sich als ein bloßes Stäubchen im Universum zu empfinden, in einem Universum, das es gab, bevor an das Kind gedacht wurde und bevor das Kind von zwei Menschen erschaffen wurde, die sich aneinander erfreuten. Gelangt der Mensch nicht vom Zustand des *Gottseins* zu jener Demut, wie sie der menschlichen Individualität gemäß ist?

Schließlich könnte nun gefragt werden: Wozu eigentlich all diese Reden über Babys und Mütter? Dazu möchte ich sagen, daß es sich *keineswegs* darum handelt, daß wir den Müttern etwa sagen müßten, was sie zu tun oder wie sie zu sein haben. Wenn sie es nicht sind, dann werden wir sie nicht dazu machen. Wir können es natürlich vermeiden, uns einzumischen. Aber unsere Gedanken können einem Zweck dienen. Wenn wir von Müttern und Babys etwas lernen können, dann können wir auch dahinterkommen, was unsere schizoiden Patienten mit ihrer besonderen Form der Übertragung von uns brauchen und wollen. Und umgekehrt: Von unseren schizoiden Patienten können wir unter Umständen lernen, wie wir Mütter und ihre kleinen Kinder zu betrachten haben und wie wir deutlicher erkennen können, worum es hier geht. Aber *in der Hauptsache* lernen wir *von den Müttern und Babys* etwas über die Bedürfnisse des psychotischen Patienten oder des Patienten, der sich gerade in einer psychotischen Phase befindet.

In diesen frühen Phasen der wechselseitigen Kommunikation

zwischen Kind und Mutter legt letztere die Grundlagen für die zukünftige geistig-psychische Gesundheit des Kindes, und wenn wir geistig-psychische Störungen behandeln, begegnen wir zwangsläufig den Einzelheiten des frühen Versagens. Wir stoßen auf die Versäumnisse, aber (erinnern Sie sich!) die Erfolge erscheinen ja in der Form des persönlichen Wachstums, welches durch eine gelungene Versorgung seitens der Umwelt ermöglicht wird. Denn die Mutter, die ihrer Aufgabe hinreichend gut nachkommt, fördert die Wachstumsprozesse des Kindes und macht es ihm bis zu einem gewissen Grade möglich, seine angeborenen Potentiale zu verwirklichen.

Alles, was wir in einer erfolgreichen Psychoanalyse tun, ist, daß wir Blockierungen in der Entwicklung auflösen, die Entwicklungsprozesse wieder in Gang bringen und die ererbten Tendenzen unseres individuellen Patienten freisetzen. Auf besondere Weise können wir tatsächlich die Vergangenheit des Patienten ändern, so daß der Patient, dessen mütterliche Umwelt nicht hinreichend gut war, zu einer Person mit einer hinreichend guten fördernden Umwelt werden kann, deren Reifung mithin stattfinden konnte, wenn auch spät. In solchen Fällen sieht sich der Analytiker in einer ganz anderen Weise belohnt, als wenn er Dankbarkeit erhielte; diese Belohnung ähnelt sehr stark dem, was Eltern empfinden, wenn ihr Kind zur Autonomie gelangt. Im Kontext des hinreichend guten *Haltens* und *Umgehens* kann das neue Individuum nun einiges von seinem Potential verwirklichen. Stillschweigend haben wir Verläßlichkeit vermittelt, und der Patient hat mit jener Entwicklung darauf geantwortet, wie sie sich im Rahmen menschlicher Fürsorge schon in den sehr frühen Phasen hätte ereignen können.

Zu betrachten bleibt nun noch die Frage, ob sich etwas Konkretes über die Kommunikation des Babys mit der Mutter aussagen läßt. Ich spreche noch immer von den ganz frühen Phasen. Mit Sicherheit empfinden die Leute etwas, wenn sie mit der Hilflosigkeit konfrontiert werden, die das Baby nach allgemeiner Übereinstimmung kennzeichnet. Man tut Ihnen etwas Ungeheuerliches an, wenn man Ihnen ein Baby vor die Tür legt, denn Ihre Reaktionen auf seine Hilflosigkeit verändern Ihr Leben und durchkreuzen möglicherweise Ihre Pläne. Das liegt sozusagen auf der Hand, doch bedarf es in bezug auf die Abhängigkeit einer Neuformulierung, denn das Baby ist zwar in einer Hinsicht hilflos, auf der anderen Seite jedoch hat es ungeheure Kräfte, weiterzuleben, sich zu entwickeln und seine Möglichkeiten zu realisieren. Wir könnten beinahe sagen, daß diejenigen, die für ein Baby zu sorgen haben, der Hilflosigkeit des Kindes gegenüber ebenso hilflos sind wie das Baby selbst. Hier steht sozusagen Hilflosigkeit gegen Hilflosigkeit.

Wir könnten, so meine ich, was die Kommunikation des Babys mit der Mutter angeht, zusammenfassend von Kreativität und Fügsamkeit sprechen, wobei bei einem gesunden Kind die schöpferische Kommunikation den Vorrang hat vor der Fügsamkeit. Auf der Grundlage einer schöpferischen Hinwendung zur Welt kann das Kind Fügsamkeit üben, ohne sich etwas zu vergeben. Wenn es sich umgekehrt verhält und die Fügsamkeit dominiert, dann ist zu vermuten, daß hier Krankheit vorliegt, die Aussichten für die Entwicklung des Individuums sind ungünstig.

Wir können also abschließend sagen, daß das Kind schöpferisch kommuniziert und mit der Zeit in der Lage ist, das zu gebrauchen, was es vorfindet. Für die meisten Menschen ist es das höchste Kompliment, daß sie gefunden und benutzt werden, und deshalb, so meine ich, könnten diese Worte die Kommunikation des Babys mit der Mutter repräsentieren:

Ich finde dich;
du überlebst das, was ich dir antue, indem ich dich als etwas erkenne, das nicht Ich ist;
ich benutze dich;
ich vergesse dich;
aber du erinnerst dich an mich;
ich vergesse dich immer wieder;
ich verliere dich;
ich bin betrübt.

Quellennachweis

1. »Die hinreichend fürsorgliche Mutter«, im Original: »The Ordinary Devoted Mother«; Vortrag, am 16. Februar 1966 gehalten vor der *Nursery School Association of Great Britain and Northern Ireland, London Branch.*

2. »Wissen und Lernen«, im Original: »Knowing and Learning«; 1950 ausgestrahlte, für Mütter gedachte Rundfunksendung der BBC. Erstveröffentlichung in: *The Child and the Family: First Relationships,* London (Tavistock Publications) 1957. Deutsch: *Kind, Familie und Umwelt,* München 1969.

3. »Stillen als Kommunikation«, im Original: »Breast-feeding as Communication«; Vortrag, vorgelesen in Winnicotts Abwesenheit auf einer Konferenz des *National Childbirth Trust* in London im November 1968. Teilabdruck in: *Maternal and Child Care,* September 1969.

4. »Das Neugeborene und seine Mutter«, im Original: »The Newborn and His Mother«; Vortrag, gehalten auf einem Symposium über »The Physiological, Neurological and Psychological Problems of the Neonate« in Rom, April 1964. Erstveröffentlichung unter dem Titel »The Neonate and His Mother« in: *Acta Pediatrica Latina,* Band XVII, 1964. Während des Vortrages wurde der auf S. 47 beschriebene Film gezeigt.

5. »Die Anfänge des Individuums«, im Original: »The Beginning of the Individual«; geschrieben 1966 als Antwort auf einen Leserbrief des damaligen Erzbischofs von Canterbury, Fisher, an die Londoner *Times.*

6. »Das Baby und seine Umwelt«, im Original: »Environmental Health in Infancy«. In diesem Kapitel haben die Herausgeber zwei Versionen eines im März 1967 unter dem gleichen Titel vor der *Royal Society of Medicine* in London gehaltenen Vortrags zusammengefaßt. Teilabdruck in: *Maternal and Child Care,* Januar 1968.

7. »Der Beitrag der Psychoanalyse zur Geburtshilfe«, im Original: »The Contribution of Psychoanalysis to Midwifery«; Vortrag, gehalten 1957 auf einem Lehrgang der *Association of Supervisors of Midwives.* Zuerst abgedruckt in: *The Family and Individual Development,* London (Tavistock Publications) 1965.

8. »Die Abhängigkeit des Kindes«, im Original: »Dependance in Child Care«; zuerst veröffentlicht in: *Your Child,* Band 2, 1970.

9. »Die Kommunikation zwischen Baby und Mutter und zwischen Mutter und Baby. Vergleich und Gegenüberstellung«, im Original: »Communication Between Infant and Mother, and Mother and Infant, Compared and Contrasted«; Teil einer öffentlichen Vortragsreihe über Psychoanalyse, der sogenannten *Winter Lectures,* Marylebone, London, Januar 1968. Zuerst veröffentlicht in: *What Is Psychoanalysis?* London 1968 (Baillière, Tindall und Cassell). (Winnicott machte sich im November 1967 vorbereitende Notizen zu diesem Vortrag,

die im folgenden abgedruckt sind, weil sie das Thema aus etwas veränderter Perspektive beleuchten. Anm. d. Hrsg.):

Vorbereitende Notizen für »Communication Between Infant and Mother, Mother and Infant, Compared and Contrasted«.

Unzulänglichkeit gängiger Ausdrücke wie mütterliche Zuneigung, Symbiose. Begrenzter Wert von Tierstudien.

Beitrag der Psychoanalyse.

Das Wort »unbewußt« in den Titeln der vorausgegangenen Vorträge, nicht aber im Titel des vorliegenden.

Grund: Babys nicht bewußt, also auch nicht unbewußt. Die Betonung liegt auf den Anfangsphasen der Entwicklung der Person, die bewußt und unbewußt werden kann.

Gegensatz: Die Mutter (oder Elternfigur) hat alle Kennzeichen der reifen menschlichen Person.

Die Mutter ist selbst einmal ein Baby gewesen.

Sie hat Vater und Mutter gespielt, und sie hat bestimmte überkommene Vorstellungen kennengelernt.

Das Kind ist noch nie Mutter gewesen, es hat auch noch nicht gespielt, *irgend etwas* zu sein.

Um weiterzukommen, ist der Versuch einer Aussage über die frühen Phasen der Entwicklung des menschlichen Babys notwendig. Keine Zeit für mehr als eine Aussage über:

Kontinuität in der individuellen Entwicklung.

Abhängigkeit, die anfangs fast absolut ist.

Gefahr eines Bruchs in der Kontinuität durch Reaktion auf Übergriff von außen.

Übergriffe als Versäumnisse der Umwelt während des Stadiums der Abhängigkeit.

Allmähliches Loslassen der Umwelt als Folge der zunehmenden Möglichkeit des Kindes, Voraussagen zu treffen.

Extremes Beispiel: Kind kommuniziert durch Hilflosigkeit, Abhängigkeit.

Kommunikation oder keine Kommunikation, je nachdem, ob die Mutter in der Lage ist oder nicht, sich mit dem Kind zu identifizieren, zu wissen, was brauchen heißt, bevor spezifische Bedürfnisse angezeigt werden.

Anschließend Betrachtung der Veränderungen in der Person der Mutter im Gefolge von Schwangerschaft und Mutterschaft.

Postulierung eines besonderen Zustandes, der vorübergehend ist, dem die Mutter sich aber überlassen muß, so als handelte es sich um eine Krankheit. In diesem Zustand ist die Mutter sowohl das Baby als auch sie selbst, sie fühlt keine narzißtische Wunde, wenn sie durch Identifizierung mit dem Baby in ihrer persönlichen Rolle schrumpft.

Sie ist möglicherweise erschrocken und findet Trost in der Zusicherung, daß dieser Zustand nur ein paar Wochen oder Monate anhält und sie sich davon erholen wird.

Ohne diesen vorübergehenden Zustand kann sie die unendlich subtilen Bedürfnisse des Kindes nicht in Kommunikation verwandeln.

Die Mutter kommuniziert mit dem Kind, indem sie weiß, was es braucht, bevor das jeweilige Bedürfnis durch eine Geste zum Ausdruck gebracht wird.
Daraus ergibt sich natürlicherweise die Geste, die Bedürfnis anzeigt, und die Mutter kann dieser Kommunikation durch die entsprechende Reaktion begegnen. Daraus entsteht bewußte Kommunikation aller Art, nicht nur von Bedürfnissen, sondern auch von Wünschen. Auf dieser Stufe kann die Mutter wieder sie selbst werden und Frustration verursachen. Der eine Zustand muß sich aus dem anderen entwickeln.

Frustration, nachdem »Ich möchte . . .« angedeutet wurde, bewirkt Zorn. Auch die Nichtbeachtung bewußter »Ich brauche . . .«-Gesten kann Mißstimmung bewirken, und diese Kommunikation kann der Mutter helfen zu tun, was verlangt wird, wenn auch etwas später.
Dagegen kann die Nichtbeachtung des Bedürfnisses, das der bewußten Geste vorangeht, nur zur Verzerrung des Entwicklungsprozesses führen – etwas wie Wut ist noch nicht erreichbar.
Jede Verzerrung des kindlichen Entwicklungsprozesses ist von unvorstellbaren Ängsten begleitet:

   Desintegration,

   unaufhaltsames Fallen,

   völliges Mißlingen von Objektbeziehungen usw.

Unsere Borderline-Fälle – die Patienten, die uns lehren, diese Dinge zu verstehen – schleppen die Erfahrung unvorstellbarer Angst – Ausbleiben der Kommunikation in der Phase der absoluten Abhängigkeit – mit sich herum.

Bibliographie

Clinical Notes on Disorders of Childhood. London (William Heinemann Ltd.) 1931.

The Child and the Family. First Relationships. London (Tavistock) 1957. Dt.: *Kind, Familie und Umwelt.* München (Ernst Reinhardt) 1969.

The Child and the Outside World: Studies in Developing Relationships. London (Tavistock) 1957. Dt.: *Kind, Familie und Umwelt.* München (Ernst Reinhardt) 1969.

Collected Papers: Through Paediatrics to Psychoanalysis. London (Tavistock); New York (Basic Books) 1958. Dt.: *Von der Kinderheilkunde zur Psychoanalyse.* München (Kindler) 1976.

The Child, the Family and the Outside World. London (Penguin); Reading, Massachusetts (Addison-Wesley) 1964. Dt.: *Kind, Familie und Umwelt.* München (Ernst Reinhardt) 1969.

The Maturational Processes and the Facilitating Environment. London (Hogarth); New York (International Universities Press); Toronto (Clarke, Irwin and Co. Ltd.) 1965. Dt.: *Reifungsprozesse und fördernde Umwelt.* München (Kindler) 1974.

The Family and Individual Development. London (Tavistock) 1965. Dt.: *Familie und individuelle Entwicklung.* München (Kindler) 1978.

Playing and Reality. London (Tavistock) 1971; (Pelican Books) 1974; (Penguin Books) 1980. Dt.: *Vom Spiel zur Kreativität.* Stuttgart (Klett-Cotta) 1973.

Therapeutic Consultations in Child Psychiatry. London (Hogarth) 1971; New York (Basic Books) 1971; Toronto (Clarke, Irwin and Co. Ltd.). Dt.: *Die therapeutische Arbeit mit Kindern.* München (Kindler) 1973.

The Piggle: An Account of the Psycho-Analytical Treatment of a Little Girl. London (Hogarth) 1978; New York (International Universities Press) 1978. Dt.: *Piggle. Eine Kinderanalyse.* Stuttgart (Klett-Cotta) 1980.

Deprivation and Delinquency. London (Tavistock) 1984.

Holding and Interpretation: Fragment of an Analysis. London (Hogarth) 1986.

Home is Where We Start From. London (Penguin); New York (W. W. Norton) 1986.

Selected Letters of D. W. Winnicott. Cambridge, Mass. (Harvard Univ. Press) 1987.

Konzepte der Humanwissenschaften

Die 100 Bücher für die Sozial- und Erziehungsberufe

Standardwerke der Psychologie

Albert Bandura
Sozial-kognitive Lerntheorie

D. E. Berlyne
Konflikt, Erregung, Neugier
Zur Psychologie der kognitiven Motivation.

Urie Bronfenbrenner
Ökologische Sozialisationsforschung

George A. Miller, Eugene Galanter, Karl H. Pribram
Strategien des Handelns
Pläne und Strukturen des Verhaltens.

Ulric Neisser
Kognitive Psychologie

Kurt Pawlik (Hrsg.)
Diagnose der Diagnostik
Beiträge zur Diskussion der psychologischen Diagnostik in der Verhaltensmodifikation.

Jean Piaget
Biologische Anpassung und Psychologie der Intelligenz

Walter J. Schraml
Einführung in die moderne Entwicklungspsychologie
Für Pädagogen und Sozialpädagogen.

Entwicklungspsychologie/ Kinderanalyse/Kinder- und Jugendlichen- psychotherapie

Helen I. Bachmann
Malen als Lebensspur
Die Entwicklung kreativer bildlicher Darstellung.

Bruno Bettelheim
Liebe allein genügt nicht

Bruno Bettelheim
So können sie nicht leben

Peter Blos
Adoleszenz
Eine psychoanalytische Interpretation.

John Bowlby
Das Glück und die Trauer
Herstellung und Lösung affektiver Bindungen.

Madeleine Davis, David Wallbridge
Eine Einführung in das Werk von D.W. Winnicott

Françoise Dolto
Praxis der Kinderanalyse

Mia Kellmer Pringle
Was Kinder brauchen

Evelyne Kestemberg, u. a.
Schauplatz Familie
Psychoanalytiker beobachten frühe Mutter-Kind-Beziehungen im Alltag.

Rosine und Robert Lefort
Die Geburt des Anderen
Bericht einer Kinderanalyse aus der Lacan-Schule.

Ashley Montagu
Körperkontakt
Die Bedeutung der Haut für die Entwicklung des Menschen.

Violet Oaklander
Gestalttherapie mit Kindern und Jugendlichen

René A. Spitz
Vom Dialog
Studien über den Ursprung der menschlichen Kommunikation.

D.W. Winnicott
Piggle
Eine Kinderanalyse.

D.W. Winnicott
Vom Spiel zur Kreativität

D.W. Winnicott
Aggression
Versagen der Umwelt und antisoziale
Tendenz.

Elizabeth R. Zetzel
**Die Fähigkeit zu emotionalem
Wachstum**

Michel Zlotowicz
Warum haben Kinder Angst?

Psychoanalyse

Michael Balint, Enid Balint
**Psychotherapeutische Techniken
in der Medizin**

Gertrude und Rubin Blanck
Angewandte Ich-Psychologie

Gertrude und Rubin Blanck
Ich-Psychologie II

Rubin und Gertrude Blanck
Ehe und seelische Entwicklung

Luc Ciompi
Affektlogik
Über die Struktur der Psyche und
ihre Entwicklung. Ein Beitrag zur
Schizophrenieforschung.

Peter Fürstenau
Zur Theorie psychoanalytischer Praxis

Heinz Hartmann
Psychoanalyse und moralische Werte

James Masterson
**Psychotherapie bei Borderline-
Patienten**

Michael Lukas Moeller
Anders helfen
Selbsthilfegruppen und Fachleute
arbeiten zusammen.

Wolf-Detlef Rost
Psychoanalyse des Alkoholismus
Theorie, Diagnostik, Behandlung.

Joseph Sandler, Christopher Dare,
Alex Holder
**Die Grundbegriffe der
psychoanalytischen Therapie**

Elaine V. Siegel
Tanztherapie
Ein psychoanalytisches Konzept.

Paul L. Wachtel
Psychoanalyse und Verhaltenstherapie
Ein Plädoyer für ihre Integration.

D.W. Winnicott
Bruchstück einer Psychoanalyse

Neue Therapien/ Humanistische Psychologie/ Transpersonale Psychologie

Anthony Barton
**Freud, Jung, Rogers. Drei Systeme
der Psychotherapie**

Ruth C. Cohn
**Von der Psychoanalyse zur
themenzentrierten Interaktion**
Von der Behandlung einzelner zu
einer Pädagogik für alle.

Rudolf Dreikurs
**Grundbegriffe der
Individualpsychologie**

Gerald Epstein
Wachtraumtherapie

Meine Stimme begleitet Sie überallhin
Ein Lehrseminar mit Milton H.
Erickson, hrsg. von Jeffrey K. Zeig.

Mary McClure Goulding und
Robert L. Goulding
Neuentscheidung
Ein Modell der Psychotherapie.

John Grinder, Richard Bandler
Therapie in Trance
Hypnose: Kommunikation mit dem
Unbewußten. Neurolinguistische
Programme.

Stanislav Grof
Topographie des Unbewußten
LSD im Dienst der tiefen-
psychologischen Forschung.

Stanislav Grof, Joan Halifax
Die Begegnung mit dem Tod

Stanislav Grof
LSD-Psychotherapie

Diana Sullivan Everstine,
Louis Everstine
Krisentherapie

Hildegard Katschnig/
Esther Wanschura
Familientherapie in den Ferien

Frederick S. Perls
Gestalt-Therapie in Aktion

Frederick S. Perls
Das Ich, der Hunger und die Aggression
Die Anfänge der Gestalt-Therapie.

Frederick S. Perls,
Ralph F. Hefferline, Paul Goodman
Gestalt-Therapie. Lebensfreude und Persönlichkeitsentfaltung

Frederick S. Perls,
Ralph F. Hefferline, Paul Goodman
Gestalt-Therapie. Wiederbelebung des Selbst

Diane und Albert Pesso
Dramaturgie des Unbewußten
Eine Einführung in die psychomotorische Therapie.

Mary Priestley
Analytische Musiktherapie
Vorlesungen am Gemeinschaftskrankenhaus Herdecke.

Carl R. Rogers
Entwicklung der Persönlichkeit
Psychotherapie aus der Sicht eines Therapeuten.

Carl R. Rogers, Rachel L. Rosenberg
Die Person als Mittelpunkt der Wirklichkeit

Carl R. Rogers
Der neue Mensch

Ruth Ronall, Bud Feder
Gestaltgruppen

Anne Schützenberger
Einführung in das Rollenspiel
Anwendungen in Sozialarbeit,
Wirtschaft, Erziehung und Psychotherapie.

Charles T. Tart
Das Übersinnliche
Forschungen über einen Grenzbereich psychischen Erlebens.

Lewis Yablonsky
Psychodrama

Lewis Yablonsky
Synanon
Selbsthilfe der Süchtigen und Kriminellen.

Texte zur Familiendynamik

Maurizio Andolfi, u. a.
Das Spiel in der Maske
Therapeutischer Wandel in rigiden Familiensystemen.

Ivan Boszormenyi-Nagy,
Geraldine M. Spark
Unsichtbare Bindungen

Josef Duss-von Werdt,
Rosemarie Welter-Enderlin (Hrsg.)
Der Familienmensch
Systemisches Denken und Handeln.

Theodore Lidz, Stephen Fleck
Die Familienumwelt der Schizophrenen

Salvador Minuchin, u. a.
Psychosomatische Krankheiten in der Familie

M. Selvini Palazzoli, u. a.
Paradoxon und Gegenparadoxon
Ein neues Therapiemodell für die Familie mit schizophrener Störung.

Mara Selvini Palazzoli
Magersucht

Helm Stierlin
Von der Psychoanalyse zur Familientherapie

Helm Stierlin, u. a.
Das erste Familiengespräch

Michael Wirsching, Helm Stierlin
Krankheit und Familie

Sozialarbeit

Martin Bonhoeffer,
Peter Widemann (Hrsg.)
Kinder in Ersatzfamilien

Arthur W. Combs, u. a.
Die helfenden Berufe

Helga Kaminski, Walter Kast,
Anne Dore Spellenberg
Das Leben Geistigbehinderter im Heim

Helmut Ortner, Reinhard Wetter
Sozialarbeit ohne Mauern
Anstöße zu einer „befreienden"
Gefangenenarbeit.

Isca Salzberger-Wittenberg
**Die Psychoanalyse in der
Sozialarbeit**

Harald Hottelet, u. a.
Offensive Jugendhilfe

Angewandte Sozialwissenschaften

Mihaly Csikszentmihalyi
Das flow-Erlebnis
Jenseits von Angst und
Langeweile: im Tun aufgehen.

Adolf M. Däumling, u. a.
Angewandte Gruppendynamik

Gerhard Kaminski (Hrsg.)
Umweltpsychologie

Lisl Klein
**Sozialwissenschaftliche Beratung
in der Wirtschaft**
Eine Einzelfallstudie.

Lothar Krappmann
**Soziologische Dimensionen der
Identität**

Joseph Luft
**Einführung in die
Gruppendynamik**

Max Pagès
Das affektive Leben der Gruppen
Eine Theorie der menschlichen
Beziehungen.

Albert E. Scheflen
Körpersprache und soziale Ordnung

Hugo Schmale
Psychologie der Arbeit

Mara Selvini Palazzoli u. a.
**Hinter den Kulissen der
Organisation**

Mara Selvini Palazzoli u. a.
Der entzauberte Magier
Zur paradoxen Situation des
Schulpsychologen.

Burkhard Sievers (Hrsg.)
Organisationsentwicklung als Problem

Manès Sperber
Individuum und Gemeinschaft
Versuch einer sozialen
Charakterologie.

Rolf Verres, Ingrid Sobez
**Ärger, Aggression und soziale
Kompetenz**
Zur konstruktiven Veränderung
destruktiven Verhaltens.

Gunnar Westerlund,
Sven-Erik Sjöstrand
Organisationsmythen

Pädagogik/Sonderpädagogik/Pädagogische Modelle

Christoph Ertle,
Andreas Möckel (Hrsg.)
Fälle und Unfälle der Erziehung

Kurt Guss
Psychologie als Erziehungswissenschaft
Eine theorienkritische
Untersuchung des Themas Lohn
und Strafe.

Gerhild Heuer
**Selbstmord bei Kindern und
Jugendlichen**

Erhard Meueler
Erwachsene lernen

Reinhilt Plinke,
Inga und Herbert Sell
Erziehung in der Pflegefamilie

Paul Scheid,
Herbert Weidlich (Hrsg.)
**Beiträge zur Montessori-
Pädagogik 1977**

Peter Schneider
Einführung in die Waldorfpädagogik

Myrna B. Shure, George Spivack
Probleme lösen im Gespräch
Erziehung als Hilfe zur Selbsthilfe.

Willem ter Horst
Einführung in die Orthopädagogik

Reinhard Voß
Anpassung auf Rezept
Die fortschreitende Medizinisierung
auffälligen Verhaltens von Kindern und
Jugendlichen.